主体的な学びを育む 思考指導の 理論と実践

打越正貴 著

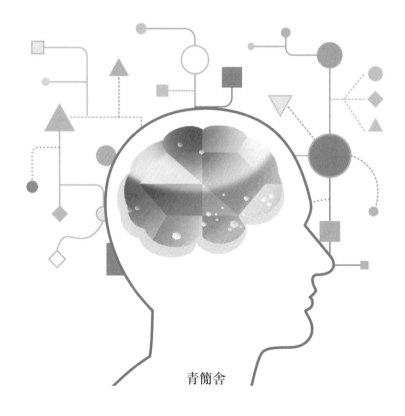

青簡舎

序　―主体的な学びを育む思考指導―

　教育の無償化について、経済学者の中室牧子は一律に無償化することに疑問を唱え、教育の無償化が格差を広げることになると主張している。それは、経済的に余裕のある家庭の高等教育をも無償化することになり、かえって格差を広げてしまうからである。格差問題は、教育にとどまらず、世界的な問題となっている。

　私たちを取り巻く環境は、著しいグローバル化の進展や人工知能等の発達によって加速度的に変化しており、人間生活を質的にも変化させつつある。まさに、将来を予測することが困難な時代に突入したと言っても過言ではない。このような状況だからこそ、学校教育においては、子どもたちの主体的な学びを保障し、自ら問題を発見し解決していく思考力の育成が急務となっている。

　この度の学習指導要領の改訂では、基本方針として、特に、「育成を目指す資質・能力の明確化」「『主体的・対話的で深い学び』の実現に向けた授業改善の推進」「各学校におけるカリキュラム・マネジメント」が注目される。「育成を目指す資質・能力の明確化」では、「生きる力」をより具体化し、教育課程全体を通して育成を目指す資質・能力を次の３点に整理している。

　それは「知識・技能の習得」、「思考力・判断力・表現力等の育成」、「学びの向かう力・人間性等の涵養」である。また、「『主体的・対話的で深い学び』の実現に向けた授業改善の推進」では、授業改善の方法として、アクティブ・ラーニングの視点に立った改善が求められている。さらに、「各学校におけるカリキュラム・マネジメント」では、学習の基盤となる資質・能力や現代的な諸課題に対応した資質・能力を育成するために、教科横断的な学習を充実することや「主体的・対話的で深い学び」の実現に向けた授業改善

が求められている。

　これらは、まさに総合的な学習の時間が創設されて以来、獲得が目指されてきた資質・能力であり、学びの方向性である。総合的な学習の時間の改訂においても、探究的な学習の過程を一層重視し、各教科等で育成する資質・能力を相互に関連付け、実社会・実生活において活用できるものとするとともに、各教科等を越えた学習の基盤となる資質・能力を育成することが重視されている。つまり、各学校は、地域や学校、児童生徒の実態に応じて、教科の枠を超えた横断的・総合的な学習を展開するとともに、探究的な学習や協働的な学習を実施し、「探究的な見方・考え方」を働かせてよりよく課題を解決し自己の生き方を考える資質・能力を育成することが求められているのである。この度の小学校学習指導要領解説（総合的学習の時間編）では、問題解決的な活動が発展的に繰り返し展開されていくことを「要するに探究的な学習とは、物事の本質を探って見極めようとする一連の知的営みのことである」と定義している。

　そこで、本書では、主体的な学びの原動力ともいえる「思考力」に焦点を当て、効果的な思考指導の在り方について「理論＝実践」に基づき、多様な視点から論究していく。特に、実践編では、アクティブ・ラーニングの視点で「主体的・対話的で深い学び」を展開するための総合的な学習の時間の在り方を中心に、様々な実践事例に検討を加えた内容となっている。

　本書では、第Ⅰ部の理論編において、「主体的・対話的で深い学び」についての効果的な思考指導の在り方を論じた。第1章では、学習指導要領の変遷をめぐる経緯を紹介しながらも、その時々の思考指導の在り方について述べた。第2章では、「主体的・対話的で深い学び」の指導方法について、学習指導要領を基盤に具体的な指導方法を考究した。第3章では、「思考力」を育成するための効果的な方法として、問題解決学習を取り上げ論究した。第4章は、「思考力」を育む上で中心的な役割を果たす、総合的な学習の時間の指導方法について論じた。第5章は、第1章から第4章を受けて、「主

体的・対話的で深い学び」を実現する手立てについて考究した。具体的には、思考過程において生成されるイメージを「色」と「形」で表現する方略を取り上げた。

　第Ⅱ部の実践編では、小学校及び中学校における思考指導を効果的に取り入れた実践事例を提示し、その効果を検討した。第6章では、第5章で論じた生徒の抱くイメージを「色」と「形」で表現する方略を活用した実践事例について論じた。第7章は、小学校において、論理的な思考力の育成に関する実践事例を国語の授業から論じた。第8章は、中学校における理科の授業を通して、「単元を貫いた課題」の作成による思考の連続性に関する実践事例を提示した。第9章は、総合的な学習の時間（小学校）における課題対応能力を育成するためのカリキュラム・マネジメントの在り方を、思考の共有化を通して論じた。第10章は第9と同様に、総合的な学習の時間（中学校）における「自己の生き方を見つめる」指導を通したカリキュラム・マネジメントの工夫・改善の事例について提示した。以上のように、子どもの「思考力」を育成する上で、学校現場で役立つ思考指導の在り方を具体的に論じた内容となっている。本書が学生や現職教員をはじめ、多くの教育関係者に広く読んでいただければ幸いである。

　最後に、本書の企画・出版をするにあたり、青簡舎の大貫祥子氏には、全面的に協力を頂いた。この場をかりて深く感謝したい。

2021年3月

打越　正貴

目　次

第Ⅰ部

効果的な思考指導の理論

第1章 学習指導要領の変遷と思考指導

　本章では、戦後から学校教育の基盤を構築してきた学習指導要領について、主に小学校における変遷を中心に概観することで、今日の思考指導の在り方について見ていく。

1　経験主義的な学習指導要領

　学習指導要領は、昭和22年に「教科課程、教科内容及びその取り扱い」の基準として、学習指導要領が編集された。この度の平成29年の改訂は、昭和26年、33年、43年、52年、平成元年、10年、20年の全面改定に続く8回目の全面改定となる。

(1) 昭和22 (1947) 年の学習指導要領
　戦後、アメリカの連合国軍の統治下に置かれた日本は、これまでの軍国主義の考え方が全面的に見直され、民主主義を基盤とした新しい体制へ移行することが重視された。昭和21 (1946) 年11月3日に日本国憲法が公布された。翌22 (1947) 年には、「教育基本法」及び「学校教育法」、「学校教育法施行規則」が制定された。同年に「学習指導要領」は、『学習指導要領一般編(試案)』として刊行され、教師の授業の参考となることが期待された。算数科、家庭科、社会科、図画工作科、理科、音楽科、及び国語科が刊行され、昭和24年には体育科編が刊行されるに至った。「学習指導要領」の主な特色は以下の通りである。
　第一に、「学習指導要領」が「試案」という性格を有したことである。教育課程をどのように編成していくかを教師自身が自分で研究していく手引き

として書かれたものとなっている。

　第二に、学習者である子どもの生活経験を中心においた学習を重視したことである。子どもが日々の生活の中で直面する様々な問題や興味・関心を学習の中心に据え、そこから子どもたち自身が学んでいく教育を目指すことが示された。

　第三に、新しい教科の設置である。小学校では、国語、社会科、算数、理科、音楽、図画工作、家庭科、体育、自由研究によって構成された。新たに設けられた教科は、社会科、家庭科、自由研究である。

①「社会科」

　修身（公民）、日本歴史及び地理を廃し、「社会科」を新設した。「社会科」は、自分たちの社会に正しく適応し、その中で望ましい人間関係を実現し、進んで自分たちの属する共同社会を進歩向上させることができるように、社会生活を理解させ、社会的態度や社会的能力を養うことを目標とした。

②「家庭科」

　従来の女子にだけ課していた裁縫や家事と異なり、男女共に課し、望ましい家族関係の理解と家庭生活の向上を目指した。

③「自由研究」

　児童の自発的な活動を促すために、教師の指導の下にそれぞれの興味と能力に応じて、教科の発展として行う活動や学年の区別なく同好のものが集まるクラブ活動の時間を設けた。

　その他にも、各教科の授業時数を改めた。1年間を35週とした場合の週あたりの授業時数で示し、年間の総時数を表記することで指導に弾力性を持たせた。

（2）昭和26（1951）年の改訂

　戦後の教育改革の急に迫られた内容であったために、全面改定が図られた。主な改訂は、以下の4点である。

①教科と教科以外の総時数の基準を 2 個学年ごとに示した。

②家庭科を 5 年・6 年の学習とした。

③国語の一部として 4 年生から毛筆学習を課すことができるようになった。

④自由研究を発展的に解消し、教科の学習では達成されない目標に対する諸活動を包括して教科外の活動として例示した。昭和22年の「学習指導要領」では、自由研究は子どもが「自発的な活動のなされる余暇の時間として、個性の伸長に資し、教科の時間内では伸ばしがたい活動のために」の時間とされていた。本改訂では、教科に関しての学習は教科内で充実を図り、教科以外に行われる活動は、教科と区別して領域を設定することとなった。そのため、自由研究は発展的に廃止することとなった。

　※昭和28年「社会科の改善についての方策」を発表した。昭和30年に学習指導要領社会科編の改定した。社会科における道徳教育の在り方について一層明確にし、指導内容の系統化を図った。

　この時期は、児童中心の経験学習において、子どもたちの身近な学習素材から切実性や必要感を高める工夫をした思考指導が重視された。

2　系統主義的な学習指導要領

　アメリカの連合軍による統治が終わると、日本国政府はこれまでの教育政策の見直しを図った。特に、「学習指導要領」の性格を見直し、子どもたちの学力低下への対応を打ち出すこととなった。

（1）昭和33（1958）年の改定

　経験主義や単元学習に偏りすぎる傾向があることが指摘され、各教科のもつ系統性の重視が求められた。また、地域による学力差から基礎学力の充実が叫ばれた。「学習指導要領」の主な特色は以下の通りである。

　第一に、「学習指導要領」の基準の強化が図られ、学校教育法施行規則の

規定により、法規的性格を有する基準として文部省から「告示」という形式で示された。法的拘束力があるとされたことは、国家の統制力を強め、教育課程の画一化が懸念された。一方、このことは、日本全国で同じ水準の教育課程を維持できることから、地域や学校間の格差を減少する効果もある。

　第二に、道徳教育の徹底である。これまでの社会科と学校教育全体の中で実施されてきたが、道徳を独立させて学習することにした。小中学校では、教科とは異なる「領域」として「道徳の時間」が設定された。

　第三に、基礎学力の充実である。これまでの教育課程は、子どもの興味・関心を中心に学習を構成する生活経験重視であった。それにより、知識の習得が軽視され、子どもたちの学力が低下したのではないかという批判が起こった。そこで、主に教科内容の系統性を重視する方針がとられた。主な内容は以下の通りである。

①学習指導要領は、学校教育法、同法施行規則、告示という法体系を整備して、基準という性格を一層明確にした。

②小学校教育課程は、各教科、道徳、特別教育活動及び学校行事等によって編成する。

③小学校における各教科及び道徳の年間最低時数を明示した。

　独立国家の国民として正しい自覚を持ち、個性豊かな文化の創造と民主的な国家及び社会の建設に努め、国際社会において真に信頼され、尊敬されるような日本人の育成を目指した。

　下記は、具体的な改訂の内容をまとめたものである。

　・道徳の時間を特設して道徳教育の徹底。
　・基礎学力の充実を図るために、国語、算数を中心に授業時数の増加
　・科学技術教育を重視するために、算数、理科の充実。・情操、健康、安
　　全指導の充実。
　・小・中学校の教育内容の一貫性。
　・基本的な事項の学習に重点をおいた指導。

> ・教育課程の最低基準の明確化と義務教育水準の維持。

　本改訂の流れを如実に表しているのが社会科の教科としての性格の変質である。昭和30（1955）年には、すでに見直しが提起され、社会科のみの改訂が行われている。子どもの興味や関心を中心に指導計画を立案するのではなく、各学年を通して系統的に歴史や地理の知識を習得していく学習へとなっていった。これがこの度の改訂へとつながったのである。

（2）昭和43（1968）年の改訂

　昭和40年代の我が国は、高度経済成長を迎え、国民生活の向上、文化の発展、社会情勢の著しい進展が見られた。国際的な地位の向上と共に果たすべき役割も大きくなった。そのため、急速に進歩した科学技術に対応できる高い能力を有した人材の育成を求める声が強まった。

　昭和43年の改訂では、道徳教育の重視や基礎学力の徹底などこれまでと同様であったが、理科や算数などの科学技術教育の充実に重点が置かれた。そのため、最新の科学の成果を教育内容に取り入れることとなり、子どもの興味や発達段階よりも学問としての科学の系統性が重視された。学ぶべき知識の増加、学習時期の早期化、教科書の内容の高度化などが試みられた。改訂の主な内容は以下の通りである。

①小学校の教育課程は、国語、社会、算数、理科、音楽、図画工作、家庭及び体育の各教科、道徳並びに特別活動によって編成することにした。
②各教科及び道徳の授業時数を最低基準から標準時数に改めた。
③文部大臣が認める場合に小学校学習指導要領等によらないことができる。
　主な改訂の方針は、次の通りである。
ア　小学校では、人間形成における基礎的な能力の伸長を図り、国民教育の基礎の確立。

イ　人間形成上から調和と統一のある教育課程の実現を図った。基本的な知識・技能の習得と健康・体力の増進、及び正しい判断力や創造性、豊かな情操など。

ウ　義務教育9年間を見通し、基本的事項に精選。

3　ゆとり教育時代の学習指導要領

(1) 昭和52 (1977) 年の改訂

　学校教育は急速な発展を遂げ、昭和48年度には高等学校への進学率が90％を超えるに至った。また、学校教育が知識の伝達に偏る傾向があるとの指摘があり、真の意味における知育を充実し、児童生徒の知・徳・体の調和のとれた発達を目指すことが課題となった。さらに、この年には「石油ショック」によって物価が著しく上昇し、高度経済成長以降初めてのマイナス成長となり、教育にも影響を及ぼした。このような状況下で、昭和48 (1973) 年教育課程審議会が学習指導要領の改訂の検討に取り組むことになった。特に、教育課程の基準の改善では、次の点を重視した。

> ・人間性豊かな児童生徒をそだてること。
> ・ゆとりあるしかも充実した学校生活がおくれるようにすること。
> ・国民として必要とされる基礎的・基本的な内容を重視するとともに児童生徒の個性や能力に応じた教育が行われるようにしたこと。

　これまでの系統主義的な学習指導要領のもとでは、知識を重視して「つめこみ教育」が行われやすく、子どもの生活にゆとりがなくなり、「落ちこぼれ」と呼ばれる授業について行けない子どもも見られるようになった。この度の改訂では、知識を教え込むのみの教育に偏ることなく、子どもが知・徳・体のバランスのとれた発達を目指し、ゆとりをもって学校生活を送れる

ようにした。

　学習指導要領の改訂では、自ら考え正しく判断できる力をもつ生徒の育成を重視し、次のような方針で改訂した。

①道徳教育や体育を一層重視し、知・徳・体の調和のとれた人間性豊かな児童生徒の育成を図ること。

②各教科の基礎的・基本的事項を確実に身に付けられるように教育内容を精選し、創造的な能力の育成を図ること。

③ゆとりある充実した学校生活を実現するため、各教科の標準時数を削減し、地域や学校の実態に即して授業時数の運用に創意工夫を加えることができる。

　※週あたり、4学年で2単位時間、5・6学年で4単位時間の削減を図った。

④学習指導要領に定める各教科等の目標、内容を中核事項にとどめ、教師の自発的な創意工夫を加えた学習指導が十分展開できるようにした。

　※内容の取り扱いについて指導上の留意事項や指導方法に関する事項を大幅に削除して、学校や教師の創意工夫の余地を拡大した。

（2）平成元（1989）年の改訂

　科学技術の進歩と経済の発展は、物質的な豊かさを生むとともに、情報化、国際化、価値観の多様化、核家族化、高齢化など、社会の各方面に大きな変化をもたらすに至った。このことは、知識の「量」から「質」への転換を促した。そしてこの変化は今後ますます拡大し加速することが予想された。

　昭和62年の教育課程審議会の答申では、次の点が示された。

①豊かな心を持ち、たくましく生きる人間の育成を図ること。

②自ら学ぶ意欲と社会の変化に主体的に対応できる能力の育成を重視すること。

③国民として必要とされる基礎的・基本的な内容を重視し、個性を生かす教

育の充実を図ること。

④国際理解を深め、我が国の文化と伝統を尊重する態度の育成を重視すること。

　平成元年度の改訂では、1学年及び第2学年に「生活科」を新設した。これにより、第1学年・第2学年の社会及び理科を廃し、生活科に第1学年102単位時間、第2学年105単位時間を当てることにした。学習指導要領では、「新学力観」が提唱され、知識・理解・技能の習得とともに、子どもの「関心・意欲・態度」を重視する姿勢を打ち出した。

　この改訂においては、生涯学習の基盤を培うという観点に立ち、21世紀を目指し社会の変化に自ら対応できる心豊かな人間の育成を図ることを基本的なねらいとして以下の方針が示された。

①教育活動全体を通じて児童の発達段階や各教科の特性に応じ、豊かな心をもち、たくましく生きる人間の育成を図ること。

②国民として必要とされる基礎的・基本的な内容を重視し、個性を生かす教育を充実するとともに、幼稚園教育や中学校教育との関連を緊密にして各教科等の内容の一貫性を図ること。

　※各教科の内容については、小学校段階で確実に身に付けさせるべき基礎的・基本的な内容に一層の精選を図るとともに、基礎的・基本的な内容を児童一人一人に確実に身に付けさせるようにするため、個に応じた指導など指導方法の改善を図ることとした。

　個性を生かすためには、一人一人の自分のものの見方や考え方をもつようにすることが大切であり、各教科において思考力、判断力、表現力等の能力の育成や、自ら学ぶ意欲や主体的な学習の仕方を身に付けさせることを重視した。

③社会の変化に主体的に対応できる能力の育成や創造性の基礎を培うことを重視するとともに、自ら学ぶ意欲を高めるようにすること。

　※これからの社会の変化に主体的に対応できるよう、思考力、判断力、表

現力等の能力の育成を重視すること。

　生涯学習の基礎を培う観点から、学ぶことの楽しさや成就感を体得させ自ら学ぶ意欲を育てるため体験的な学習や問題解決的な学習を重視して各教科の内容の改善を図った。

④我が国の文化と伝統を尊重する態度の育成を重視するとともに、世界の文化や歴史についての理解を深め、国際社会に生きる日本人としての資質を養うこと。

（3）平成10（1998）年の改訂

　平成8年の中央教育審議会の「21世紀を展望した我が国の教育の在り方について」の第1次答申で、「ゆとり」の中で「生きる力」を重視することを提言した。また、同答申では、完全学校週5日制の導入と教育内容の厳選の必要性につても提示した。

　平成10年に教育課程審議会の答申を次のように受けた。

①豊かな人間性や社会性、国際社会に生きる日本人としての自覚の育成を重視すること。

②多くの知識を一方的に教え込む教育を転換し、子どもたちの自ら学び自ら考える力の育成を重視すること。

③ゆとりある教育活動を展開する中で、基礎・基本の確実な定着を図り、個性を生かす教育の充実を図ること。

④各学校が創意工夫を生かし特色ある教育、特色ある学校づくりを進めること。

　※各学校が地域や学校児童の実態等に応じて、横断的・総合的な学習や児童の興味・関心等に基づく学習など創意工夫を生かした教育活動を行う時間として、第3学年以上の学年に「総合的な学習の時間」を創設した。

　完全学校週5日制が実施されることに伴い各学年とも年間70単位時間（第1学年は68単位時間）の削減をおこなった。

今回の改訂は、完全学校週5日制の下で、各学校がゆとりの中で特色ある教育活動を展開し、児童に豊かな人間性や基礎・基本を身に付け、個性を生かし、自ら学び自ら考える力などの「生きる力」を培うことを基本的なねらいとした。

①豊かな人間性や社会性、国際社会に生きる日本人としての自覚を育成すること。

②自ら学び、自ら考える力を育成すること。

　※多くの知識を教え込むことになりがちであった教育の基調を転換し、児童に自ら学び自ら考える力を育成することを重視した教育を行うことが必要である。それにともない総合的な学習の時間の創設ほか、各教科において体験的な学習や問題解決的な学習の充実を図った。

③ゆとりある教育活動を展開する中で、基礎・基本の確実な定着を図り、個性を生かす教育を充実すること。

　※年間総時数の削減、各教科の教育内容を授業時数の縮減以上に厳選し基礎・基本的な内容に絞り、ゆとりの中でじっくりと学習しその確実な定着を図るようにすること。

　個別指導やグループ別指導、繰り返し指導、教師の協力的指導など指導方法や指導体制を工夫改善して個に応じた指導の充実を図る。

④各学校が創意工夫を生かし特色ある教育、特色ある学校づくりを進めること。

　※総合的な学習の時間の創設や授業の1単位時間や授業時数の運用の弾力化、国語等の教科の目標や内容を2学年まとめて示した。

　昭和33年・昭和43年と続いてきた系統主義的な学習指導要領が、昭和52年の改訂を機に、再び経験主義的な性質を強くした学習指導要領の改訂へと舵を切ったのである。その意味で、平成10年度に設立された総合的な学習の時間の設立はそれを象徴している。児童生徒への思考指導の方向性が再度児童中心的な方向へより戻されたと言っても過言ではないだろう。

4　基礎・基本重視の学習指導要領

(1)　平成15（2003）年の一部改訂

　平成10年の「学習指導要領」が示された直後、学習内容の３割削減や学力への不安が起きた。さらに、平成12（2000）年にOECD（経済協力開発機構）の国際学力調査であるPISA調査結果において、日本は全体として上位グループにあったものの、読解力の分野において遅れをとった。これらのこともあり、平成14（2002）年には、遠山文部科学大臣が「学びのすすめ」を発表し、児童生徒の家庭学習を促した。

　これらの状況を踏まえて、平成15年12月に学習指導要領が一部改訂された。小学校では、平成14年４月の全面実施から２年に満たない異例の改訂であった。この改訂によって、いわゆる「歯止め規定」と呼ばれていた「○○は取り扱わないものとする」と言った表現の部分は、全員に対しては教授しないが、発展的な学習として取り扱うことができるようにした。

　※学習指導要領の内容が最低基準となった。

(2)　平成20（2008）年の改訂

　いわゆる知識基盤型社会化やグローバル化の進展が予想され、さまざまな国際競争が加速する一方で、異なる文化や文明との共存や国際協力の必要性が増大する。そのため、確かな学力、豊かな人間性、健やかな体の調和を重視する「生きる力」の育成がますます重要となってきた。

　教育基本法の改定（平成18年12月）、学校教育法改正（平成19年６月）が行われ、知・徳・体のバランス（教育基本法第２条第１号）とともに、基礎的・基本的な知識・技能、思考力・判断力・表現力等及び学習異様を重視し（学校教育法第30条第２項）、学校教育においてはこれらを調和的に育むことが必要であると規定された。

　平成19（2007）年の中央教育審議会の答申では、「改正教育基本法及び学

校教育法の一部改正」によって示された基本理念及び「生きる力」の重要性を踏まえ以下の点を重視した。

①改正教育基本法等を踏まえた学習指導要領の改訂

②「生きる力」という理念の共有

③基礎的・基本的な知識・技能の習得

④思考力・判断力・表現力等の育成

⑤確かな学力を確立するために必要な授業時数の確保

⑥学習意欲の向上や学習習慣の確立

⑦豊かな心や健やかな体の育成のための指導の充実

　※外国語活動を通じて児童が積極的にコミュニケーションを図る態度を育成し、言語・文化に関する理解を深めるために、第5・6学年に「外国語活動」を新設した。

　各学年の授業時数について、第1学年は68単位時間、第2学年は70単位時間、第3隔年から第6学年は35単位時間の増加を図った。

　構造改革特別区域研究会開発学校設置事業により、文部科学大臣の指定により実施可能になった。

　本学習指導要領の改訂の方針は、次の通りである。

①教育基本法改正で明確となった教育理念を踏まえ「生きる力」を育成すること。

　※引き続き「各学校において、児童に生きる力を育むことを目指」すこととした。

　教育基本法改正により、教育の理念として新たに、「公共の精神を尊ぶこと」、「環境の保全に寄与すること」、「伝統と文化を尊重し、国際社会の平和と発展に寄与すること」が規定された。

②知識・技能の習得と思考力・判断力・表現力等の育成のバランスを重視すること。

　※学習活動の基盤となるのは言語に関する能力であり、国語のみならず各

教科等において「言語活動」を重視しその育成を図った。

　国語、社会、算数及び理科の授業時間を増加するとともに、高学年に外国語活動を新設した。

③道徳教育や体育などの充実により、豊かな心や健やかな体を育成すること。

　豊かな心や健やかな体の育成については、家庭や地域の実態（教育力の低下）を踏まえ、学校における道徳教育や体育などの充実を図った。

（3）平成29（2018）年の改訂

　生産年齢の減少の傾向、グローバル化の進展や技術革新、急激な少子高齢化、等により、社会構造が大きくかつ急激に変化してきている。また、成熟社会を迎える我が国では、一人一人が持続可能な担い手として、多様性と質的豊かさを伴った個人と社会の成長につながる新たな価値を生み出していくことが期待された。特に、著しく進化する人工知能の分野では、雇用の在り方や学校において獲得する意味も大きく変化すると予測されている。

　こうした状況を踏まえ、平成26年11月に文部科学大臣から新しい時代にふさわしい学習指導要領の在り方について中央教育審議会に諮問を行った。中央教育審議会の答申においては、「社会に開かれた教育課程」の実現を目指し、次の6点にわたってその枠組みを改善するとともに、各学校において教育課程を軸に学校教育の改善・充実を図るための「カリキュラム・マネジメント」の実現を目指すことが求められた。

①「何ができるようになるか」（育成を目指す資質・能力）

②「何を学ぶか」（教科等を学ぶ意義と、教科等間・学校段階間のつながりを踏まえた教育課程の編成）

③「どのように学ぶか」（各教科等の指導計画の作成と実施、学習・指導の改善・充実）

④「子供一人一人の発達をどのように支援するか」（子供の発達を踏まえた指導）

⑤「何が身に付いてか」（学習評価の充実）

⑥「実施するために何が必要か」（学習指導要領の理念を実現するために必要な方策）

　本学習指導要領の改訂の方針は、次の通りである。

①「社会に開かれた教育課程」を目指し、知識及び技能の習得と思考力、判断力、表現力等の育成のバランスを重視

　その他に、先行する特別教科化など道徳教育の充実や体験活動の重視、体育・健康に関する指導の充実により、豊かな心や健やかな体を育成することが示された。

②育成を目指す資質・能力の明確化

　「生きる力」をより具現化し、教育課程全体を通して育成を目指す資質・能力として３つの柱を以下のように示した。

ア　「何を理解しているか、何ができるか」（生きて働く「知識・技能」の習得）

イ　「理解していること・できることをどう使うか（未知の状況にも対応できる「思考力・表現力・判断力」の育成）

ウ　「どのように社会・世界と関わり、よりよい人生を送るか」（学びを人生や社会に生かそうとする「学びに向かう力・人間性等」の涵養）

---

③「主体的・対話的で深い学び」の実現に向けた授業改善の推進」

　これまでの学校教育の蓄積を生かし、学習の質を一層高める授業改善の取組を活性化していくために「主体的・対話的で深い学び」の実現に向けた授業改善（アクティブ・ラーニングの視点に立った授業改善）を推進する。

④各学校におけるカリキュラム・マネジメントの推進

　学校全体として、児童生徒や学校、地域の実態を適切に把握し、教育内容や時間の配分、必要な人的・物的体制の確保、教育課程の実施状況に基づく改善などを通して教育活動の質を向上させ、学習効果の最大化を図るカリキ

ュラム・マネジメントが必要となる。

⑤教育内容の主な改善事項

　この他、言語能力の確実な育成、理数教育に充実、伝統や文化に関する教育の充実、体験活動の充実、外国語教育の充実などが示された。

　※小学校では、これまで5・6年生の学習となっていた「外国語活動」の授業が3・4年生の学習活動（年間35単位時間）となり、5・6年生には新たに「外国語」の授業（年間70単位時間）が新設された。

　下記の表1は、小学校学習指導要領の変遷と主な特色を示したものである。戦後アメリカの連合国軍の統治下に置かれ、これまでの軍国主義的影響の強い教育が全面的に見直され、昭和22年の学習指導要領（試案）が発表されてから、学習指導要領は8回目の改訂を迎えるに至った。その間、様々な社会状況の変化や社会の要請により、その時々の子どもたちの実態に応じて改訂を重ねてきた。特に、学習指導においては、「経験カリキュラム」を基盤とした児童中心主義的な方法と「系統主義カリキュラム」を基盤とした学問中心主義的な方法の間で大きくゆさぶられてきたのである。

表1　小学校学習指導要領の変遷と主な特色

	年	主　な　特　色
1	昭和22 (1947) 年	試案、経験主義、単元学習、社会科、家庭科
2	昭和26 (1951) 年	試案、問題解決学習、自由研究廃止、教育課程
3	昭和33 (1958) 年	告示、系統主義重視、道徳、基礎学力の充実
4	昭和43 (1968) 年	告示、教育の現代化、理数教育の重視
5	昭和52 (1977) 年	告示、教育内容の精選、ゆとり教育、創意工夫
6	平成元 (1989) 年	告示、新学力観、生活科、自ら学ぶ意欲
7	平成10 (1998) 年	告示、生きる力、教育内容の厳選、総合的な学習の時間
8	平成20 (2008) 年	告示、基礎・基本と活用、外国語活動、言語活動

9	平成29（2017）年	告示、特別な教科道徳　外国語　立体的・対話的で深い学び

【引用・参考文献】

文部科学省編『小学校学習指導要領（平29年告示)』東洋館出版、2017年。

文部科学省編『中学校学習指導要領（平29年告示)』東洋館出版、2017年。

文部科学省『小学校学習指導要領（平成29年告示）解説　総則編』東洋館出版、2017年。

日本カリキュラム学会編『現代カリキュラム辞典』ぎょうせい、2001年。

第2章 「主体的・対話的で深い学び」の指導方法

　私たちを取り巻く環境は、著しいグローバル化の進展や人工知能等の発達によって加速度的に変化しており、人間生活を質的にも変化させつつある。まさに、将来を予測することが困難な時代に突入したと言っても過言ではない。このような状況において、文部科学省では、今後の教育を見据え、社会の変化に対応する能力を育成するため、学習指導要領の改訂へと舵を切った。

　教育課程企画特別部会における「論点整理」では、2030年の社会とさらにその先の豊かな未来を築くために、教育課程を通じて初等中等教育が果たすべき役割について記されている。そこでは、今後急激に進行する少子高齢化やマイケル・オズボーンらが主張する急激な技術革新による労働環境の著しい変化について示し、予測できない未来に対応するために「新しい時代と社会に開かれた教育課程」を目指していくことの重要性が述べられている。そのためには、いわゆる学力の三要素と言われる内容（「知識・技能」「思考力・判断力・表現力」・「主体的に学習に取り組む態度」）を、各教科等の文脈の中で身につけていく力と、教科横断的に身につけていく力とを相互に関連付けながら育成していく必要性を強調している。

　さらに、育むべき資質・能力として、「何を知っているか、何ができるか（個別の知識・技能）」、「知っていること・できることをどう使うか（思考力・判断力・表現力）」、「どのように社会・世界と関わり、よりよい人生を送るか（学びに向かう力、人間性等）」いる。つまり、社会の変化に向き合い適切に対応していくため、学校教育を通じて育むべき資質・能力を教育課程全体の構造の中でより明確に示し、それらを身につけていくことができるように、教育活動の全体像を念頭に置きながら日々の教育活動を展開していくことが求められているのである。中でも、特に「知っていること・できることをどう

使うか（思考力・判断力・表現力)」の資質・能力の育成は、問題発見・解決に必要な情報を収集するとともに、必要となる新たな知識・技能を獲得し、それらを活用しながら、問題を解決していくために必要となる思考力を育成していく必要がある。そのためには、まさに総合的な学習の時間を中核とした効果的な学びの場を重視していかなければならず、今後ますますアクティブ・ラーニングやカリキュラム・マネジメントを視点とした学習活動を構築することが求められている。特に、この度の中央教育審議会の答申で示された「主体的・対話的で深い学び」を実現するための学習指導の在り方については、むしろ総合的な学習の時間こそ中心となるべき学習であると考える。

1 「主体的・対話的で深い学び」とアクティブ・ラーニング

(1)「主体的・対話的で深い学び」とは

「主体的・対話的で深い学び」については、その視点として位置づけられるようになったアクティブ・ラーニングとの関係から論じる。教育課程特別企画部会における「論点整理」では、頭初、いわゆるアクティブ・ラーニングを「課題の発見・解決に向けた主体的・協働的な学び」と定義していた。しかし、その一方で、指導法を一定の型にはめ、教育の質の改善のための取り組みが狭い意味においての授業方法や授業技術の改善に終始することへの強い懸念を示していた。つまり、アクティブ・ラーニングが授業方法としてパターン化してしまい、授業の質が低下することの危険性について警鐘を鳴らしているのである。その後、中央教育審議会においても、各教科のワーキンググループで具体的な学習内容に即したアクティブ・ラーニングについて検討された。さらに、平成28年8月の「次期学習指導要領等に向けたこれまでの審議のまとめ」を経て、同年12月21日に中央教育審議会へ答申が行われた。同審議のまとめでは、「主体的・対話的で深い学び」を実現する方法として、「アクティブ・ラーニングの視点」が明示された。つまり、アクティ

ブ・ラーニングとは、子どもたちに「主体的・対話的で深い学び」を実現させるための一つの入り口ということになる。文部科学省は、「主体的・対話的で深い学び」を前面に提示することで、これまで論じられてきた、アクティブ・ラーニングの懸念の払拭を図ったと考えられる。さらに、本答申では、「主体的・対話的で深い学び」の実現とは、授業改善を行うことで、質の高い学びを実現し、学習内容を深く理解し、資質・力を身に付け、生涯わたって能動的に学び続けるようにすることであると述べ、次のように示している。

①学ぶことに興味や関心を持ち、自己のキャリア形成の方向性と関連付けながら、見通しをもって粘り強く取り組み、自己の学習活動を振り返って次につなげる「主体的な学び」ができているか。

②子ども同士の協働、教職員や地域の人との対話、先哲の考え方を手掛かりに考えること等を通じ、自己の考えを広げる「対話的な学び」が実現できているか。

③習得・活用・探求という学びの過程の中で、各教科の特質に応じた「味方・考え方」を働かせながら、知識を相互の関連付けてより深く理解したり、情報を精査して考えを形成したり、問題を見だして解決策を考えたり、思いや考えを基に創造したりすることに向かう「深い学び」が実現できているか。

従って、具体的な授業における「主体的・対話的で深い学び」とは、次のように考えられる。

①「主体的な学び」とは、子ども自身の学習への見通し学習の振り返りが重要であり、子ども自身による学びの自覚が重視されている。

②「対話的な学び」とは、他者を意識した対話的な学びが重要であり、他社とのかかわりが重視される。

③「深い学び」とは、習得・活用・探究という学習プロセスに基づき、発見学習・問題解決学習という問題解決的な学習過程が重視されている。

また、答申では、「主体的な学び」「対話的な学び」「深い学び」の三つの

視点は、子どもの学びの過程としては一体として実現されるものであり、それぞれの視点の内容と相互のバランスを配慮しながら学びの状況を改善していくことの重要性が述べられている。

(2)「主体的・対話的で深い学び」への授業改善の視点
①学習指導要領における「主体的・対話的で深い学び」
　小学校学習指導要領総則では、「主体的・対話的で深い学び」への授業改善について次のように述べている。

> 「主体的な学び」
> 　学ぶことに興味や関心をもち、自己のキャリア形成の方向性と関連づけながら、見通しをもって粘り強く取り組み、自己の学習活動を振り返って次につなげる。
> 「対話的な学び」
> 　子供同士の協働、教員や地域の人との対話、先哲の考え方を手がかりに考えることを通じ、自己の考えを広げ深める。
> 「深い学び」
> 　習得・活用・探究という学びの過程の中で、各教科等の特質に応じた「見方・考え方」を働かせながら、知識を相互に関連付けてより深く理解したり、情報を精査して考えを形成したり、問題を見いだしたりして解決を考えたり、思いや考えを基に想像したりすることに向かう。

　教科等の特質を踏まえ、具体的な学習内容や児童の状況等に応じて、これらの視点の具体的な内容を手掛かりに、質の高い学びを実現し、学習内容を深く理解し、資質・能力を身につか、生涯にわたって能動的に学び続けるようにすることが求められているのである。
　これまでの学習指導要領（昭和33年以降）は、基本的に教育目標を提示し、準法的性格からも、それを達成するための教育内容（何を教えるか）を示したものであった。つまり、学習指導要領とは、教員が授業をする上で、教育

目標・内容を規定するものであった。教育現場においては、授業者が指導するにあたって、各教科・領域の学習内容は示されていたが、実際に授業においてその内容をどのように取り扱うかは教師自身に委ねられていた。また、内容の習得は学修者である子どもの実態によって異なった。従って、指導方法については地域・学校・子どもたちの実態の応じて授業者が自由に指導することができたのである。しかし、この度の学習指導要領の改訂によって、学習指導の方法として「主体的・対話的で深い学び」が具体的に明記されたことは、教育現場に指導方法についての大きな方向性を示すこととなった。ましてや「アクティブ・ラーニング」があたりまえのように推奨されたことは、教育現場ではこれまでの一斉授業を中心に展開してきた指導方法からの脱却を余儀なくされている。

（3）「アクティブ・ラーニング」とは

　大学教育の質的転換を目指した「新たな未来を築くための大学教育の質的転換に向けて〜生涯学び続け、主体的に考える力を育成する大学へ〜」（中教審答申2012）では、グローバル化や情報化の進展、少子化といった社会の急激な変化による将来の予測困難な時代の中で、「未来を形づくり、社会をリードすること」が大学に求められた。「従来のような知識の伝達・注入を中心とした授業から、教員と学生が意思疎通を図りつつ一緒になって切磋琢磨し、相互に刺激を与えながら知的に成長する場を創り、学生が主体的に問題を解決し見いだしていく能動的学修（アクティブ・ラーニング）への転換が必要」と述べられている。

　つまり、「アクティブ・ラーニング」とは、学生が主体的に問題を解決し見いだしていく能動的学修である。「教員による一方的な講義形式の教育とは異なり、学修者の能動的な学修へ参加を取り入れた教授・学習法」として示されてきた内容が、この度の平成29年の学習指導要領に位置づけられたのである。

①「アクティブ・ラーニング」による目的と手段の転倒

　指導による方性の固定化が、教育における目的と手段の転倒を一層促進させる可能性がある。それは、授業の実際において、あまりにも「アクティブ・ラーニング」による授業が推奨されるあまり、能動的に学習することそのものが目的となってしまう傾向があるからである。

　現在、学校現場では、授業のスタンダード化が進められており、外面的なアクティブがより一層強く求められている。この状況は、言い換えると、「どのように教育するか」ということが中心となり、「教育とは何か」という本質的な問題が隠蔽されてしまうことになる。アクティブなのは、外面的な活動だけでなく、子どもたち一人一人の内面的な活動としての思考が重要なのである。例えば、教育現場では、いじめや不登校の問題に関して、その根本的な解決を目指すことよりも、その数を減少させることが主たる目的となってしまうことがある。同様に、「アクティブ・ラーニング」においても、その子どもたちが学習に具体的にどのように影響を与えるかということよりも、能動的学習をすることそのものが目的となってしまう傾向があるのである。筆者の経験からも、平成20年の学習指導要領において「言語活動」が重視された時も、教育現場において同じような状況があった。当時は授業において、どの教科・領域においても「言語活動」が重視されるあまり、教科や領域の本来の目標がずれてしまったり、特色がわからなくなってしまったりしたことがあったのである。したがって、「アクティブ・ラーニング」ありきではなく、アクティブ・ラーニングを相対化して、咀嚼して、その視点や手法を自身の指導に具体的に応用することが重要なのでる。

②「アクティブ・ラーニング」と子どもとの関係

（ア）「アクティブ・ラーニング」に積極的な子ども

　教育現場には、様々なタイプの子どもがいる。積極的で違う意見を持った子とも仲良くできる子、みんなの前で自分の意見を堂々と言える子などは、「アクティブ・ラーニング」に積極的な子どもである。このような子どもは、

ペア学習やグループ学習などの対話的な活動において能動的に活動しているようにみえる。しかし、本当に能動的に活動しているのだろうか。「アクティブ・ラーニング」に積極的に取り組む子どもが真に思考活動をしているとは限らない。授業者は、その状況を見極める必要がある。

（イ）アクティブ・ラーニングに消極的な子ども

　他者と対話するのを好まない子、集団で活動することに消極的な子など、このように人間関係形成能力が弱い子どもは、「アクティブ・ラーニング」の授業が苦手である。そのような子どもは、「アクティブ・ラーニング」が嫌いであり話し合い活動がが苦手な子が多い。しかし、それでは、「アクティブ・ラーニング」の授業が苦手な子どもは、真に思考活動をしていないというと、そうとは限らないのである。

　そもそも授業者の想定するアクティブ・ラーニングに素直に取り組む子どもが本当にアクティブなのかが問題といえる。このことは、「アクティブ・ラーニング」にかかわらず、人とかかわることによって展開する学びにおいては、授業者が自分の想定した計画を絶対視せずに、子ども一人一人を個性ある人間としてとらえることが重要であり、学びの質が重要となってくる。

（ウ）「アクティブ・ラーニング」を相対化できる子どもの育成

　上記ア・イのことを人間形成の視点からとらえると、人間が思考を停止してしまう機械化をどう防ぐかということになる。人間の機械化とは、根源的に自己を批判的、否定的に考えることなく、矛盾に目をつぶり自らがシステムや制度にあわせていく姿勢をさすのである。子どもにとっての学習方法は、子どもがそれを絶対視せずに相対化していく方向で考えられなければならない。「アクティブ・ラーニング」に限らず、ある方法を絶対視することはできない。常に時間の中で変化しており、子どもはその変化と動きの中で思考し、経験をすることで変化成長している。その意味で、子どもが思考し経験した実践は、二度と同じものは生じないのである。

③アクティブ・ラーニングによる「共同性の原理」

アクティブ・ラーニングでは、集団と個人の思考の相互関連的な発展が大切である。水野正朗は、学習課題の設定問題の背後には、下記のような共通認識の形成にかかわる３つの「共同性原理」があると指摘している。

（ア）原理１　「根拠に基づいて解釈（認識）を容易に一つに定めることができる課題」

> ・お互いに共通了解できる基盤をつくることが目的となる。
> ・「習得・活用・探究」の観点では「習得」にあたる。学力の３要素では、
> 　（１）にあたる。

　ここでは、確実な理解と一般的な知識の習得が求められる。ペアやグループで協力し、調べた成果を発表したり、知識の習得率を競争したりと能動的な様々な学び方が工夫できる。

（イ）原理２　「意味が多義的で複数の認識が成立可能な課題」（正解が１つとは限らない問い）

> ・異なる他者同士が互いの考えを出し合い、聴きあってより高度な共通認
> 　識を成立させようとする営みが生まれる。
> ・「習得・活用・探究」の観点では「活用」や「探究」にあたる。学力の
> 　３要素すべてを含む。

　子どもたちからは様々な意見が出る。数個程度に絞られた意見にも根拠があり絞りきれない。全員が納得するならば合意が形成される。一応の決着がついたとしても、どこか納得できない部分が残り、新たな問いが生まれてくる。共有した問題を媒介にし、相手との共通理解を深め、考えの違いを克服しようと努力しながらも克服できず、その相対的独自性をお互いに認め合う関係を目指すことが、集団思考の特質である。一人一人の個性的な思考が成立しているがゆえに、連続的な問題追及も、数段の連続的発展も可能になる。

道徳科におけるモラルジレンマ資料や中学校社会科の学習における公民分野の「効率と公正」、「対立と合意」などの内容があてはまる。

（ウ）原理3 「自己の体験や認識に関連付けて発展的に考えることを求めるもの」（個人または共同体の価値観や精神文化にかかわるもの）

> ・意見や認識の一致よりも、お互いの違いがわかることが重要である。
> ・学力の3要素（3）にあたり、教材を媒介にして自分の思いを語り、それが傾聴され受容されることは「主体性、多様性、協働性」を育むことにつながる。

　それぞれの価値観や存在の在り方の違いなど、他者理解が進むと同時に自己理解が深まり、認識が拡大する。ここで期待されるのは、共感の広がりと主体的な批評精神である。グループや学級内で、率直に開示し合う過程において「私はそこから何を学んだか」という自分の内的体験を語ることは、学習者が社会と自分との関係を自分なりに問い直す契機となり、その知識を生きたものにする。

　以上のように、どの問いを学習課題として採用するか、学習目標と一連の学習課題をどのように構造化するかは、学習の成否を分ける重要なポイントとなる。

2　「アクティブ・ラーニング」を基盤とした授業改善

　「主体的・対話的で深い学び」を実現するためには、「アクティブ・ラーニング」を基盤とした授業改善を図っていく必要がある。田村学は、学習者が「本気で、真剣でつながりのある学び」を強調し、アクティブ・ラーニングを効果的に活用した授業改善の重要性について述べている。

（1）「主体的な学び」への工夫改善

　「主体的な学び」を展開するためには、「授業の導入の課題設定場面」と「終末における振り返りの場面」を重視する必要がある。導入場面では、どのような課題をもつかによって、子どもたち一人一人が真剣で本気の学びになっているかが問われる。授業の導入段階で、子ども自身への学習への見通しをもたせることが主体的な学びへの始まりとなる。

　また、授業における振り返りの場面では、自らの学びを意味づけたり、価値づけたりして自覚し、他者と共有していくことが大切である。子ども自身が学習の振り返ることには、次のような3つの意味がある。

・学習内容を確認する　　・学習内容の関連付けや一般化する
・学習内容を自己につなげる

　子どもたちにとって、実感や手応えなどの肯定的な感覚は、次の活動を生み出す重要な感情である。そうした感情を繰り返し獲得することが、自ら学び続ける意識をもった子どもの育成につながっていく。

（2）「対話的な学び」への工夫改善

　「対話的な学び」では、子どもたち一人一人が「異なる多様な他者との学び合いの重視」していく必要がある。そうすることで、学習のプロセスの質を向上させ、協働によるアイディアの創造がなされていくからである。多様な他者と対話することには、次の3つの価値がある。

〈対話による知識や技能の構造化〉
　子どもは身に付けた知識や技能を使って相手に説明し話すことで、つながりのある構造化された情報へと変容させていく。
〈多様な情報収集〉
　多様な情報が他者から供給されることで、構造化された内容は質的に高

> まっていく。
> 〈新たな問題の発見と解決〉
> 　相互作用によって、子どもたちの問題意識は、次への次元へと移行して
> いく。

　そして、これらの価値を実現するためには、次の3つの配慮が必要となってくる。

> ①「子どもがどのような知識を持っているか」
> ②「知識や情報をどのように処理するか」
> ③「どのような学習成果を期待しているか」

　実際の授業においては、情報の質と量、再構成の方法などに配慮した上で、具体的な学習活動や学習形態、学習環境として準備しなければならない。例えば、思考ツールなどは、まさに音声言語による対話的な学びを確かに実現していくものとして期待できるのである。なぜなら、情報が「可視化」され「操作化」されることで、自ら学び、共に学ぶ主体的で対話的な子どもの姿が具現化されるからである。授業改善の工夫によって、思考を広げ深め、新たな知を創造する子どもの姿が生まれてくる。

(3)「深い学び」への工夫改善

　「深い学び」を展開するためには、子どもたち一人一人の学びのプロセスを重視していかなければならない。そのためには、生活経験や学習経験を活用・発揮する活動場面や機会を位置づけ、相互に関連させ発展させることが大切である。具体的には、問題解決的な学習過程を重視する必要がある。子どもたちが習得・活用・探究という学習プロセスに基づく、問題発見・問題解決という一連の問題解決的な学習過程を重視することである。つまり、これまで述べてきた、「主体的な学び」及び「対話的な学び」が「深い学び」

に大きく影響するということになる。

　そのためにも、授業者は日常からの深い児童生徒理解から始める学習指導が重要となってくる。したがって、「深い学び」とは、子どもたちが習得・活用・探究をしてきた各教科等の学習過程の中で、これまでに獲得してきた資質・能力を十分に活用し、資質・能力が関連付けられたり構造化されたりすることができるようになることなのである。

　「深い学び」を実現するためには、身に付けた知識や技能を発揮したり、活用したりして関連付けることが大切である。だからこそ、明確な問題意識をもった主体的な学びで知識や技能のつながりを生むことが必要なのである。情報としての知識や技能を対話によってつないで再構成することの活性化が重要な場面となってくる。つまり、「主体的な学び」及び「対話的な学び」が「深い学び」に大きく影響しているのであり、換言すると、「主体的な学び」「対話的な学び」は、「深い学び」になるような確かな学びになっているかどうかが問われるのである。

　子どもたちは、その結果、より深く理解することに至り、異なる状況でも活用できるものとなり、安定的で持続的な資質・能力が育成される。

3　「主体的・対話的で深い学び」の授業技術

　授業は、一般的に教師の発問と指示によって展開される。ここでは、授業改善の方法の一つとして、授業における「ゆさぶり」について述べる。

(1)「ゆさぶり」とは

　斎藤喜博は、「授業」とは「教材の持っている本質」「教師の願い」「子どもたちの思考」の三つの緊張関係の中によって成立すると述べている。そして、吉田章宏は、その条件になるのが「教師が人間の力をもつ」「子どもを困難にぶつけ、打開させる」「授業を明確化し単純化する」「授業にリズムや

旋律や衝突・葛藤をもせる」「授業で事件を起こす」ことの重要性を指摘している。

上記の5つの条件を満たすために、「ゆさぶり」は重要な役割を果たすことができる、つまり、先ほどの斎藤が述べた授業における三つの緊張関係を持たせるために「ゆさぶり」は有効な手段なのである。

「ゆさぶり」は、このような緊張関係を授業の中で実現するために、教師が子どもに対して行う働きかけの一種なのである。したがって、「ゆさぶり」とは、授業の中に緊張関係をつくりお出すために行う子どもへの働きかけ、子どもを困難にぶつけ、打開させ、授業に衝突と葛藤をつくりだし、事件を引き起こすような働きかけである。

（2）具体的な「ゆさぶり」の場面

①外面的な行動的側面及び形式的側面から

「ゆさぶり」は、狭義的な意味において発問そのもの、あるいは発問が引き出した反応によって一定の問題や困難がつくりだされる。「ゆさぶり」として働く表情や身振り、あるいは言葉に出さない表情や身振りによって授業が進む場合もある。その他にも、教師のあらゆる行動が「ゆさぶり」として働く可能性がある。教師の「無言」の場合や「多弁」の場合もしかり、「朗読や「板書」さえ「ゆさぶり」になる可能性がある。つまり、「ゆさぶり」とは、いずれも、授業の流れの中に「変化」をもたらす行動であるという共通性がある。

子どもは、教師の行動の変化を感じ取り、「ハット」させられゆさぶられる。授業が単なる平坦な「静」も「動」も「ゆさぶり」ではない。吉田は、「ゆさぶり」とは、授業中のリズムをつくりだす「動中の静」と「静中の動」と指摘している。

②子どもの心理的要因と教師の行動の側面から

「ゆさぶり」は、子どもあっての「ゆさぶり」である。このように考える

と、「ゆさぶり」行動の基本的な特徴は、「教師の行動」の「動と静」、「子どもの予想」の「動と静」の対応関係や差、「ずれ」によって生ずることがわかる。したがって、「子どもの予想」を予想しながら、「子どもの予想」との間に「ずれ」を生むような行動をとることによって、はじめて子どもをゆさぶることができるのである。このことから、「ゆさぶり」とは、「子どもの予想」という心理的要因と「教師の行動」とのずれが本質的なのであり、外面的な教師の行動の「動」や「静」が本質ではない。教師は、「子どもの予想」を予想しながら、「子どもの予想」との間に「ずれ」を生むような行動をとることによって、はじめて子どもをゆさぶることができるのである。

　そこで、吉田は、これらのことから、「ゆさぶる」ためには、下記の必要性を主張している。

・子どもの予想を一歩先まで予想すること。
・その「予想の予想」に即応した「表現行動」をとること。
・そのために必要な幅広く多彩な「表現行動」の方法を駆使できること。

　これらのことから、「ゆさぶり」は、教師に「見る力」「対応する力」を要求しているのであり、授業者の深い児童生徒理解が基盤と言える。そして、「主体的・対話的で深い学び」にするためには、授業者が発問や指示あるいは子ども理解を基盤とした様々な教育活動を通して、いかに深く考えさせるために、ゆさぶるかが重要な役割を担ってくるのではないのだろうか。

【引用・参考文献】

文部科学省「教育企画部会『論点整理』」2015年8月26日。
文部科学省「幼稚園、小学校、中学校高等学校及び特別支援学校の学習指導要領等の改善及び必要な方策等について（答申）2016年12月21日。
文部科学省「次期学習指導要領等に向けたこれまでの審議のまとめ」2016年8月26日。

文部科学省『小学校学習指導要領（平成29年告示）解説　総則編』東洋館出版、
　　2018年。

田村学『カリキュラム・マネジメント入門』東洋館出版、2017年。

日本教育方法学会編『アクティブ・ラーニングの教育方法学的検討』図書文化社、
　　2016年。

吉田章宏『授業の心理学をめざして』国土社、1975年。

第3章　「思考力」を育成するための指導方法

　本章では、思考力を育成するための方法として、問題解決学習の在り方について取り上げる。問題解決学習（＝問題解決的な学習）は、「主体的・対話的で深い学び」を充実させるための中心的な役割を担う指導方法である。中でも、「深い学び」の実現には、学びの質を高める必要があり、学習過程における問題解決の在り方に左右される。そこで、問題解決学習の意味や課題などを検討し、効果的な指導方法について、実践的視点から考究する。

1　問題解決学習の定義と意味

　問題解決学習を論じるにあたって、上田薫は、人間が行動を起こす際に一貫してとる主体的立場を「個性的な場所」もしくは「いのちの場所」と呼び、次のように述べている。

> 　では、このようにひとりひとりの人間がもつ個性的な場所とは、どんな働きをもつものでしょうか。それは本来人がもつべきものであり、また当然もちうるものでありますが、現実の生活において直面する切実な問題の解決を通して、はじめて確立せられ、深められていくことのできるものといわなければなりません。すなわち問題解決という働きが、場所を統一している自己統制の原理を高く深いものにし、場所のもつ内容をゆたかにしていくのです。この場所は、空間的な場所のように広くなったりせばまったりすることはありません。ただ深まりゆたかになることによって場所の外にあって場所の統一に迫ってくるもの、すなわち未知なもの未解決のものに対決する力が強められるということができます。問題解決とは、まさにこの場 所とそれを統一する原理、法則が、自己のすべてをひっさげて他と対決することにほかならないのです。

（下線筆者）

　上田は、問題解決するにあたっての心情を「自己のすべてをひっさげて対決すること」と述べて論を結んでいる。問題解決という行為の深淵さとその厳粛かつ真剣な場の雰囲気が伝わってくるようである。本章では、問題解決とは、「まさにこの場所とそれを統一する原理、法則が、自己のすべてをひっさげて他と対決すること」という、自己の主体性を前面に出して臨む上田の考えを基盤にして、問題解決学習を筆者なりにとらえていきたい。

（1）　問題解決学習とは

　問題解決学習は、昭和22年に新設された「社会科教育」に基づくものである。渥美利夫によれば、「経験主義教育（生活に直面させ、それを問題解決的に学習させる教育を主張する立場）に立脚した社会科は、昭和23年の補説で作業単元の構成のし方や展開の要領を詳細に述べて補強をし、昭和26年の指導要領の改訂で、社会科の目標をいっそう明確にしそのためには、問題解決的な学習でなくてはならないことを明らかにした」と述べている。日本では、戦後の新しい社会科教育において、問題解決学習が産声を上げたのである。

　ここでは、問題解決学習の歴史をひもとくものではないので、詳述はしないが、昭和33年以降下降線をたどっていた問題解決学習が再び注目を浴びるようになったのは、平成元年の生活科の登場からである。平成10年度に、総合的な学習の時間が設立され、問題解決学習が再びクローズアップされたことは言うに及ばない。

　重松鷹泰は、問題解決学習とは「主体のもっている問題を解決させていく中で、その主体の統一を強化し、主体の統一過程としての理解の成立をめざす学習」と定義している。これについて、奈須正裕も「自分たちの求めから発した切実な問題の解決を目指して追究活動を展開し、その過程で様々な事を学んでいく」学習であると述べている。これらのことから、問題解決学習

は、学習者主体の学習であることを強調していることがわかる。

　加えて、谷川彰英も問題解決学習を、「子どもが直面している問題を解決することを通じて、子どもたち自身が自らの経験や知識を再構成して発展させようとする学習」であると述べている。これを、藤井千春に言わせれば、つまり、「子どもたちに自分なりの問いをもたせて、それをとことん追究させる」となる。したがって、問題解決学習とは、「問題を解決する主体は子どもたちにあり、その子どもたち自身が発見した問題を、自分たちで解決していく学習」であるととらえることができる。問題解決学習は、上田が「自己のすべてをひっさげて」と主張したように、まさに「主体的な学び」なのである。

（2）　問題解決学習における「問題」について

　ここでいう「問題」について、星野清一は、「問題解決学習としては、なんといっても主体の持っている問題を取り上げることを忘れてはならない」と述べ、児童の抱く「問題」の重要性を指摘している。そして、さらに、「その問題がまことに低次元なものであってもよいのである。要は、そうした過程をたどりながら、学習を積み重ねるごとに、子どもが切実な問題に気づきはじめ、主体的に問題解決学習に取り組んでいくようにすればよいし、そのように、子どもを育てていくことが指導の要件なのである」と述べている。星野は、児童の問題意識を向上させることの重要性を指摘している。

　また、同様に、藤井千春は、「仮の学習問題」の重要性を指摘し、児童が最初に抱いた「問い」を「仮の学習問題」としてとらえ、そこから問題を解決していく過程で「真の学習問題」へと変化し、より主体的な活動になっていくと論じている。いずれにしても「問題」の質を問うのではなく、児童の抱く最初に抱く「問題」に注目し、それが切り口となって展開することの重要性を指摘している。このことは、学習問題が学習における児童の主体性と密接な関係があることを強調している。

　一方、これについて重松は、「当初の社会科が、子どもたちの実生活の中で直面している切実な問題を取り上げて、それを自主的に究明していくという問題解決の方法を主張していることを忘れているのである」と述べている。重松は、あくまで最初に抱く問題の質にこだわり、しかも最初に抱く「問題」の重要性を指摘しているのである。

　これに対して、藤井は、「単元の導入の段階で、真剣で深みのある追究を導くような『学習問題』を成立させることはムリである。その単元で用いられる教材について、子どもたちがある程度知ってからでないと、質的に高い『学習問題』は見えてこない」と述べ、上述したように、「仮の学習問題から真の学習問題へ」を提唱しているのである。確かに、重松が言うように、児童にとって当初から切実な問題が発見できれば、それにこしたことはない。しかし、生活や習慣が多様化している現代、児童の生活経験にも著しい差異がみられ、その一人一人に当初から、切実な問題を抱かせるのは難しいと考えられる。

　したがって、星野や藤井が主張するように、まずは、児童の最初に抱いた「問題」（質は問わず）を大切にしなければならない。加えて、藤井によれば、「『問題』とは、『〜であるべきなのに、……となっている。これではおかしいぞ』というように、自分の『願い』の実現を阻むような状態との直面を意識することによって成立する」ことを強調し、その成立の条件として、「その子どもがどれだけ自分の「願い」を強く意識しているかにかかっている」ととらえている。児童が強く意識するという意味においては、重松と同様に、「仮の問題」であっても、児童にとって切実性のある「問題」を重視していると考えることができる。

（3）　問題解決学習における「解決」の意味
　問題解決学習における「解決」の意味について、上田は、「問題解決学習の問題解決は、かならず未解決の解決であり、解決という未解決である」と

述べ、学習における問題があくまでも子どもの心理の上に形成されることを忘れてはならないことを強調している。これは、問題を解決するということが解決に向けての未解決の状態であることを示唆し、その問題解決過程と児童の心理が密接に関連していることを指摘しているのである。

また、波巌は、問題解過程に着眼し、「『子ども本来の問題解決活動を軸にした学習』には、『子どもの数だけ解決の仕方もある』」と述べている。これは、上田が指摘したように、問題が児童の心理上に影響されているため、それを解決する（＝満たす＝納得する）という意味で、子どもの数だけ解決方法が存在するのであり、問題解決過程と児童の心理が相互に深く関係していることが考察できる。同様のことを藤井は、「『すっきりとまとめて』終わることではなく、それぞれの子どもの『自分なりの考えが深まる』ことが『解決』だからである」と論じており、改めて、問題解決過程が児童の心理との密接な関係にあることを強調している。

また、問題解決について、奈須は、「一つの問題の解決は別な、あるいはより高次な問題を生み、子どもたちを新たな追究へと導く」と述べている。これも藤井によれば、「仮の学習問題」から「真の学習問題」へと、問題を解決していく過程で変化いていくことを意味している。いずれにしろ、問題解決学習を成功させるためには、児童の心理と密接に関係する問題解決過程が重要な鍵を握っていることが考えられる。

2　問題解決学習の指導方法と効果

（1）　問題解決学習の指導方法

問題解決学習は、「児童が主体的に自らの問題を発見し、解決していく」という方法原理は、共通であっても、各論においては様々な方法が展開されている。

文部省は昭和25年に『小学校社会科学習指導法』の中で、問題解決の過程

を次の6つの段階に分けて、その方法を下記のように説明している。

①児童が問題に直面すること。
②問題を明確にすること。
③問題解決の手順の計画を立てること。
④その計画に基づいて、問題の解決に必要な資料となる知識を集めること。
⑤知識を交換し合うこと。そして集められた知識をもととして、問題の解決を見通し、すなわち仮説を立てること。
⑥この仮説を検討し、確実な解決方法に到達すること。

　上記の方法は、いわゆる「サイクル学習」と呼ばれているもので、1単元の学習をいくつかの段階に分けながら調べ活動を中心に展開していくものである。「問題把握」「問題追及」「問題解決」の流れが明確なので、児童にとっては、学習計画や見通しを持ちやすく、教師にとっても授業を計画的に進めることができる。そのため、近年の社会科学習においては広く活用されている方法である。ここでは、資料の収集方法や仮説の設定の仕方などが度々問題となる。
　また、波は、指導法を「自問自答の流れ」と称し、次のようにまとめている。

①ごくしぜんな生活の中にある子どもの実態から学習を出発させる。ごくしぜんに子どもが何らかの活動を起こしているということは、その活動がおもしろいからである。だから、だれにいわれなくともその活動を起こしているのである。
②自分にかかわる切実な問いを持たせてやると、子どもは、自ら学びたい、やってみたいという願いを持ち、その解決のための行動を起こす。
③問題解決活動を連続させていくためには、「うれしい」「おもしろい」「やった」「感激した」など、その子らしい様々な感性が表出するように子どもを仕向ける。これがバネとなって、新たな活動が生まれる。
④指導（支援）目標は明確にもちながらも、子どもの流れに乗って柔軟に

目標や流れを変化させることが、活動を意欲的に連続させる。
⑤グループは、社会化の原型である。子どもたちは、グループで共に活動することを通して、しぜんに協力したり分担したりすることを学習する。また、そのような気付きの場を設けることが必要である。

　児童の生活から問題を発見し、解決する方法である。児童にとっての問題は、生活に根ざしているだけに切実性をもちやすく、意欲的な学習になると考えられる。この方法は、問題解決学習の基本的な方法であり、古くから活用されてきた方法でもある。ここでの問題点は、利点でもある「生活に根ざした問題」が発見できるかどうかである。発見できなかった場合、あるいは見つけられずにとまどっている児童をどのように支援していくかが鍵となる。

　さらに、志村勲は、学習過程を4つの段階に分けて、次のように説明している。

①子どもたちひとりひとりがよい問題をもつ段階
②ひとりひとりが持った問題がねりあげられて、級の共同問題が設定され、ひとりひとりの問題が学級の共同問題との関連のもとに位置づく段階
③学習が展開され、とくに中軸問題に対して各自の意見がからみあい練り上げられる段階
④学習がしめあげられ、さらに一段と進化発展の方向へ進もうとする段階

　上記の方法の特色は、児童の個々の問題を練り上げ、学級共通の問題を設定することにある。当然、練り合いを通して、個々の問題は、共通の問題と関連し、それがさらに発展していくことになる。ここでは、中心となる活動の一つに、練り合いがあげられている。言い換えれば、十分な練り合いが成立しなければ、共通問題も、中軸の問題も意味が薄れてしまう可能性がある。　以上、3つの異なる問題解決学習の方法を採り上げたが、それぞれに共通することは、個々の問題を学級というステージに取り上げ、学習内容の共有化を図っていることである。そのためには、どの方法も児童による「話

し合い活動」を重視している。これについて、河野太郎は、「問題解決学習では、学級やグループでの話し合い活動が、大切な学習になってくる。問題解決ということになると、子どもたちの主体的な活動が中心になるわけだが、『話し合う』ということは、まさに主体的な活動だからである」と述べている。

さらに河野は、「『話し合う』ということになると、そこに、何か話し合わねばならぬ『問題』が存在している」と指摘し、問題解決学習と話し合い活動が深いとことで強く結びついているとを強調している。加えて、藤井も「『個』の追究力と他者とあたたかく『かかわり合う』力を育てていく」ことの重要性を指摘し、話し合う力の育成を提唱している。これは即ち、問題解決学習において「対話的な学び」が重要な役割を果たしていることを示していると考えられる。

（2） 問題解決学習の期待される効果

上述してきたように、問題解決学習は、何よりも児童が主体的に学習を展開することが特色であり、同時に、それが最大の効果にもなっている。ここでは、問題解決学習によって期待されるであろう様々な有効性と可能性について考察する。

上田は、問題解決学習の知識面の効果について次のように論じている。

①知識はいろいろなかたちで子どものなかにはいっていく。
②問題解決学習の望むことは、それぞれの子どもがそれぞれに意味あるかたちで知識を獲得していくということである。
③必要に応じて知ることができ、使うことができるのである。

問題解決学習を展開する過程において、児童は様々な調べ活動を進めていく。調べた内容を吟味し、さらに調べる。このような一連の問題解決過程を

通して、上田は、個々の児童が本当に必要と感じている知識が身に付いていくと考えている。そして、上記イで上田が望んでいる「それぞれの子どもがそれぞれに意味のあるかたちで知識を獲得していく」ということは、自分にとっての切実な問題だからこそ、自分にとって意味のある知識となるのではないだろうか。それ故、一度獲得した知識は、様々な形や状況において自由に転移し、必要に応じて活用することができるようになる。

　また、重松は、問題解決過程を通してこそ、「じぶんの生活の中につねに積極的に問題を見いだしていこうとする態度や、共同の問題のためにじぶんの最善を尽くして協力しようとする態度、したがって絶えずかれらの生活を進歩向上させていく能力をも真に身に付けることが期待できる」と、日常生活の向上にまでその影響が及ぶことを述べている。加えて、重松は、「問題解決学習は、考える力を伸ばし、また、正しい認識を成立させ、さらに各人の人格を形成する上に大いに役立つというのである」と、問題解決学習の効果が、児童の人格の形成にまで影響を与えていることに言及している。

　同様に、様々に波及する効果として、藤井は、「『問題解決学習』の成果は、日常生活や学習活動に対する子どもたちの取り組みの様子に現れなければならない」と論じ、「問題解決学習では、自分の見つけたい『問い』をとことん追究することと、その過程で相互に助け合うこと、競い合うこと、認め合うことなどの『かかわり合い』を経験する。そのような経験を積み重ねることによりそれぞれの子どもは自分の持ち味に気づく。そしてそれを生かして、自己課題をやり遂げようと取り組んでいく。また友だちの活動への手助けをしようとする」と述べている。そして、さらに藤井は、児童が「自分の持ち味」を発揮して、「やり遂げること」、「他者に役立つこと」の喜びを実感するようになると主張している。

　加えて、波は、問題解決学習について、「社会科始まって以来の大きな成果」と賞賛し、次の4点を取り上げている。

①実感をともなった納得を子どもたちに与えたということ。
②子どもの知的能力とは無関係に、どの子にも理解させることができたということ。
③子どもから多様な問いを引き出したということ。
④子どもの意欲的な追究をさそうことができたということ。

　これらの４点は、問題解決学習が児童を中心として主体的な活動を促していることからくる成果である。児童が自分たちで問題を発見し、追究するのであるから、当然、それは意欲的な学習となるはずであり、同時に、実感をともなった内容となるであろう。さらに、児童同士が問題解決過程において日常生活上の問いを追究するので、多様な問いが発生することも明らかである。

　上記②の「子どもの知能とは無関係に、どの子どもにも理解させることができたということ」という項目は、「すべての児童が同じように理解した」というのではなく、「それぞれの児童がそれぞれに理解した」ということであろう。ここでは、波が取り上げている問題解決学習の方法が、生活に根ざしたいわゆるオーソドックスなスタイルであることがわかる。児童の意欲的な追究と、それを取り巻く学級の自由で温かい雰囲気を感じることができる。

　これらのことから、問題解決学習は、児童にとって、解決するために本当に必要な知識を獲得するのに有効であり、かつ、「主体的・対話的で深い学び」を実現する上で効果的であることがわかる。さらに、問題解決の過程を通して、自己を見つめ、よりよく生きようとする意欲や自身を喚起させることができると言える。

3 問題解決学習の課題

(1) 教育現場からの課題

　問題解決学習の「現場学習」の問題点として、現職教員の立場から白岩善雄と万代義夫は、次の3点を取り上げている。

> ①事前準備に相当な手数と時間がかかる。
> ②問題が多岐にわたるため、その中核となるものが、なかなかうまくまとまりにくく、うっかりすると横道にそれる危険性がある。
> ③一つの単元に多くの時間がかかる。

　上記①の「事前準備に相当な手数と時間がかかる」というのは、児童の主体的な学習とするため、教師が授業をどのようにデザインするかということにかかっていることを表現している。

　永地正直に言わせれば、「経験主義教育は学習者が主体的に活動する学習である。学習者は『面白い』『やってみよう』という気持ちをもち、そのエネルギーをいかにうまく基礎学力の養成にまで結び付けるか教師の力量である」と、その難しさを強調し、教師の力量によって学習の成否が左右されることを指摘している。個々の児童に、切実な問題を抱かせることは難しく、そのために、教師は様々な学習の仕掛けを工夫しなければならない。

　次に、上記②の「問題が多岐にわたるため、その中核となるものが、なかなかまとまりにくく、うっかりすると横道にそれる危険性がある」は、個々の児童がそれぞれの思いや願いに応じて様々な問題に取り組んでいくので、それぞれの学習問題を共有化することが難しいことを示唆している。個別にばかりとらわれると、問題の枝葉末節にばかり目がいき、本質が見えなくなるおそれがある。

　これについて、渥美利夫は、「子どもの思考対象となっている知識内容を

どう組織づけたらよいか、あるいは理解しやすいようにどのように教材の提示をくふうしたらよいかという指導内容が脱落している」ことを指摘し、個々の児童が抱いている問題や知識を関連づける教材提示の工夫を提案している。同様に、志村勲は、「問題を共通のものにしぼる過程までの子どもの動きを実際の授業とあわせてみていると、その間には、必ずといっていいほど何が問題かはっきりしないままに過ぎていたり、教材のある側面にとらわれて、教師が考える中核的な問題とはほど遠く、共通問題として設定されたものとの関係がつかめずにいたり、ときには、課題の提示そのものが、現象に対する自由な発想を規制している場合も多い」と述べ、個々の問題を共通の問題へと認識させることへの難しさを指摘している。

　最後に、上記③の「一つの単元に多くの時間がかかる」というのは、問題解決学習を推進する上で、「調べ活動」や「話し合い活動」がその中核となり、児童が主体的に取り組めば取り組むほど、それぞれに多くの時間を費やすからである。特に、「調べ活動」では体験学習に多くの時間をかけることになる。これについて、浅沼茂は、「体験があれば何でもよくなるというようなものではなく、そこに、個々人が自分たちの問題として気づき、問題を自分のものとして引き受け、自らの権威に基づいて判断を下せるような力をもてるようなプログラムを作り出すことができるか否かということが大きな課題となっている」と、現状の体験学習の問題点を指摘している。

　加えて、谷川は、「体験とは、何かを『やってみること』だが、やってみる過程で何を考えているかが重要である」人間が何かをやってみる時、一番大切なのは『工夫』することである。『工夫する』ということは〈やりながら考え、考えながらやってみる〉ことである。つまり、思考と行動の相互作用によって成り立つのが『工夫』という行為なのである。よって体験的学習における問題解決は『工夫』することにほかならない」と、体験学習において活動内容を「工夫」することの大切さを提案している。浅沼も谷川も、近年当たり前のように実施されている体験学習がいわゆる「活動あって学びな

し」に陥ってはいないかと、警鐘を鳴らしているのである。言い換えると、現在重視されているアクティブ・ラーニングの視点が固定化して、方法論にばかり終始していないかということである。

(2)　過去の教訓から学ぶ

　これまで、学校現場からの問題解決学習の問題点を中心に課題を見てきた。しかし、問題解決学習の課題は、これまで多くの研究者や実践者の間で論じられてきたのも事実である。そして、問題解決学習は、昭和22年及び26年の学習指導要領に示され、実践されてきたものにもかかわらず、昭和33年の学習指導要領では早くもその姿を消してしまったという事実がある。

　竹中輝夫によれば、問題解決学習を擁護する立場から、その主な原因を「問題解決学習を建前にする在り方が、内容を軽視するものであり、『這い回る経験学習』を招来し、学力低下の大きな要因になったとする批判は、素朴な知識主義を相和して、多くの人々の共感をそそった」と述べている。また、永地は、「コア・カリキュラムに対して投げかけられた『這い回る経験主義』という罵声が人々に膾炙して広がった。朝鮮戦争の勃発で米ソ冷戦が始まり、アメリカ民主主義教育は後退していく。引導を渡したのは国立教育研究所昭和26年実施の学力調査で、数学の学力低下が決定的であった」と、問題解決学習が衰退した要因が学力低下にあったことを指摘している。

　問題解決学習は、児童中心に学習が展開されるため、学習内容の質を追究すべき活動がややもすると、表面だけあるいは形だけの学習になってしまう傾向がある。つまり、上述したように、いわゆる「活動あって学びなし」という状況である。これでは、児童の学力低下を指摘されても仕方ないだろう。この状況は、国際学力調査との比較や大学生の学力問題が指摘され、総合的な学習の時間の在り方についての批判の声が上がり、平成15年の学習指導要領の一部改訂へとつながったことと酷似している。

　そこで、このような状況を打破するために、上田は、「根がついたかどう

　かを確かめることなくして教えたと考えることの無定見こそ、まずなによりも知的形成の世界から追放されるべきことであろう。根は教師自ら確かめねばならぬ。なぜならばひとりひとりの子の根のはりかたは、決して同一ではないからである」と、個々の子どもの実態を把握することの重要性を主張している。つまり、這い回らないためには（たとえ這い回ったとしても）、子どもたち一人一人をできるだけ理解することに心がけ、個々のありのままの姿を受け止めることの必要性を説いているのである。そうすることで、問題解決学習の中心的なねらいである子どもたちの主体性を発揮させることができ、思考力が育まれ、「主体的・対話的で深い学び」の学習が展開することができるのではないだろうか。

【引用・参考文献】
打越正貴「『主体的・対話的で深い学び』を展開するための総合的な学習の時間の在り方に関する一考察」茨城大学教育学部紀要（教育科学）、第67号、2018年。

上田　薫『社会科の理論と方法』岩崎書店、1952年。

社会科の初志をつらぬく会『問題解決学習の展開』明治図書、1976年。

重松鷹泰『教育方法論Ⅱ　教育科学』明治図書、1975年。

奈須正裕、高浦勝義編『総合学習の理論』黎明書房、1998年。

谷川彰英『問題解決学習の理論と方法』明治図書、1993年。

藤井千春『問題解決学習で「生きる力」を育てる』明治図書、1997年。

藤井千春『問題解決学習のストラテジー』明治図書、1996年。

上田　薫『知られざる教育』黎明書房、1958年。

波　巌『子どもとつくる問題解決学習』明治図書、1997年。

文部省『小学校社会科学習指導法』中等学校教科書株式会社、1950年。

第4章　「総合的な学習の時間」の指導方法

　この度の学習指導要領の改訂では、基本方針として、「育成を目指す資質・能力の明確化」「『主体的・対話的で深い学び』の実現に向けた授業改善の推進」「各学校におけるカリキュラム・マネジメント」が示されている。中でも、「『主体的・対話的で深い学び』の実現に向けた授業改善の推進」では、授業改善の方法として、アクティブ・ラーニングの視点に立った改善が求められている。加えて、「各学校におけるカリキュラム・マネジメント」では、学習の基盤となる資質・能力や現代的な諸課題に対応した資質・能力を育成するためには、教科横断的な学習を充実することが求められているる。これらは、まさに総合的な学習の時間が創設されて以来、目指してきた資質・能力であり、学びの方向性である。

　総合的な学習の時間の改訂においても、探究的な学習の過程を一層重視し、各教科等で育成する資質・能力を相互に関連付け、実社会・実生活において活用できるものとするとともに、各教科等を越えた学習の基盤となる資質・能力を育成することを重視している。つまり、各学校が地域や学校、児童生徒の実態に応じて、教科の枠を超えた横断的・総合的な学習を展開するとともに、探究的な学習や協働的な学習を実施し、「探究的な見方・考え方」を働かせてよりよく課題を解決し自己の生き方を考える資質・能力を育成することである。学習指導要領解説では、問題解決的な活動が発展的に繰り返し展開されていくことを探究的な学習と定義し、「要するに探究的な学習とは、物事の本質を探って見極めようとする一連の知的営みのことである」と述べている。本章では、思考指導を基盤として展開する総合的な学習の時間に焦点を当て、その効果的な指導方法について考究する。

1　総合的な学習の時間が求めるもの

　総合的な学習の時間は、平成10年度の教育課程審議会の答申において、「各学校が創意工夫を生かした特色ある教育活動を一層展開できるようにするための時間を確保する必要があること」、「自ら学び自ら考える力などの『生きる力』をはぐくむために、既存の教科等の枠を超えた横断的・総合的な学習を実施できるような時間を確保する必要もあること」から、その創設が提言されたものである。これらの創設の精神を考えると、これまでの学校教育に、何か新しい光でも当たったかのような新鮮な驚きと、それが故の緊張を感じる。

　『小学校学習指導要領』（平成15年12月）には、総合的な学習の時間のねらいが以下のように示されている。

> ア　自ら課題を見付け、自ら学び、自ら考え、主体的に判断し、よりよく
> 　　問題を解決する資質や能力を育てること。
> イ　学び方やものの考え方を身に付け、問題の解決や探究活動に主体的・
> 　　創造的に取り組む態度を育て、自己の生き方を考えることができるよう
> 　　にすること。
> ウ　各教科、道徳及び特別活動で身に付けた知識や技能等を相互に関連付
> 　　け、学習や生活において生かし、それらが総合的に働くようにすること。

　上記アは、自ら主体的に働きかけ、よりよく問題を解決していくことを示しており、いわゆる「自己学習能力の育成」を目指しているととらえることができる。また、上記イは、多様な学び方や考え方を生かし、様々な探究活動等を通して、自分の生き方を見つめることを強調しており、いわゆる「主体的・創造的な生き方の基礎の確立」を図ることをねらいとしていると考えられる。これらの2つのねらいは、総合的な学習の時間が新設された平成10年度に示された内容である。しかし、平成15年度に「学習指導要領の『基準

性』の一層の明確化」、「総合的な学習の時間」及び「個に応じた指導の一層の充実」という視点から学習指導要領の一部改正によって加筆された内容が上記ウである。

したがって、総合的な学習の時間は、各教科・領域の学習を基盤として、いわゆる「自己学習能力」の育成や「主体的・創造的な生き方の基礎」を確立することととらえることができる。

特に、上記アにおいて取り上げられているように、総合的な学習を推進する上で、問題解決学習が重要な指導方法となることは明らかである。体験的な学習と問題解決的な学習（＝問題解決学習）の関係について、廣嶋憲一郎は、「体験的な学習は、活動自体が問題解決的な学習に組み込まれて実践されることも多い。『総合的な学習の時間』では、問題解決的な学習の中に体験的な学習が効果的に組み込まれるように、一層の工夫が必要である」ことを指摘している。

『小学校学習指導要領』（平成20年8月）には、総合的な学習の時間の目標が以下のように示されている。

横断的・総合的な学習や探究的な学習を通して、自ら課題を見つけ、自ら学び、自ら考え、主体的に判断し、よりよく問題を解決する資質や能力を育成するとともに、学び方やものの考え方を身に付け、問題の解決や探究活動に主体的、創造的、協働的に取り組む態度を育て、自己の生き方を考えることができるようにする。

平成20年の小学校学習指導要領の改定では、総合的な学習の時間の取り扱いは授業時数の大幅な削減や特別活動の時間における代替措置など、その存在を大きく後退させた。しかし、上記目標を見る限り、いわゆる「自己学習能力」の育成や「主体的・創造的な生き方の基礎」を確立することをより強調された内容となっており、各教科を基盤とした探究活動として総合的な学習の必要性はむしろ強調されている。

この度の平成29年の改定において、総合的な学習の時間における目標は、新たに探求的な見方・考え方を働かせることを加え、自己の生き方を考えていくための資質・能力について3点に分けて明示するなど、これまで以上に総合的な学習の重要性が具体的な資質・能力を示して強調されている。このことから、改めて、総合的な学習の時間が創設された当時の重要性が再認識されていると言える。

吉崎静夫は、総合的な学習の時間の特色について、「これまでの学校教育は、『ちがえる（差異化）』ことよりも『そろえる（共通化）』の重要性が強調されすぎたために、こどもそれぞれの持ち味（得意なこと、好きなこと）を可能な限り伸ばすことが弱かったからである。そして、総合的学習では、現行の教科の枠組みにとらわれることなく、徹底した個性伸長を図ることが期待されている」と述べ、個別化・個性化教育の可能性について触れている。また、中野重人は、総合的な学習は、各教科の教育を是正するための一つの方策であることを強調し、「分科と総合のかかわり合いと一体化を目指した、21世紀へのあるべき学校教育への問題提起である」と論じている。中野に言わせれば、「分科＝教科」に対して「総合＝総合的な学習」ということになるのだろう。これまでは、一方の教科に力が注がれてきたが、総合的な学習の時間が創設されたことで、学校教育に新たな可能性が表れたこと。そして、その相対する2つを統合することの重要性を指摘しているのである。

さらに中野は、総合的な学習の時間における児童の変容について、「受動的にあれこれの知識や事柄を効率的に覚えることではなく、自らアタックし、チャレンジする子どもである。その中で、その子どもらしさがあらわれ、その子のよさや取り柄を見いだし、それをバネにして、さらに活動を拡充することである。このように、どの子にも、やる気と自信を育てることを総合的な学習は求めているのである」と述べ、児童のやる気と自信の育成を強調している。同様に、新井孝喜は、「本来、知識・技術を獲得するのは思考や表現を豊かにしていくためであり、そうした自己表現につながる学習は、必ず

喜びを伴うものである。『学ぶのは楽しい』というのは決して理想論ではなく、過程においても結果としても、学びは楽しみを伴うのが現実の姿なのだ。それが『自分から問いをもつこと』『自分で考えること』の意味」と主張し、学ぶ楽しさは問いを持つことであり自分で考えることであると述べている。総合的な学習の時間は、教科書や決められた内容がないので、学校独自の学習内容を設定することができる。それだけに、子どもたちの興味や関心を中心とした学習を展開することができる。したがって、今後ますます授業者としての力量が試されることとなってくる。

　吉崎は、「授業づくりにおける講師の役割には、設計者（デザイナー）、実施者（アクター）、評価者（イバリュエイター）という３つがある。その中でも、総合的な学習の時間のような新しい授業づくりではデザイナーとしての役割がますます大きくなっている」と述べ、各教師の役割の重要性を指摘している。また、この度の平成29年の学習指導要領では、総合的な学習の時間の目標に、学校教育目標を踏まえることが示された。このことからも、文部科学省の総合的な学習への期待がわかる。今般、カリキュラム・マネジメントの重要性が指摘される中で、ますます個々の教師が「主体的・対話的で深い学び」を推進する授業のデザイナーとしての力量が問われることとなる。

2　学習指導要領の改訂による授業改善（小学校学習指導要領）

　平成29年の小学校における総合的な学習の時間の改訂のポイントは、以下の通りである。

・総合的な学習の時間の目標は、各学校の教育目標を踏まえて設定することとするなど、目標や内容の設定についての考え方を明示。
・課題を探求する活動を通して、各教科で育成する能力・資質を、相互に関連付け、実生活・実社会の中で活用できるものとすることを重視。

・探求過程で、各教科等を越えた学習の基盤となる資質・能力（言語能情報活用能力など）を育成することを明確化。

(1) 改訂の基本的な考え方

探究的な学習を通して、よりよく課題を解決し、自己の生き方を考えていくための資質・能力を育成することを目指すことを明確にした。さらに、

各教科等の横断的なカリキュラム・マネジメントの鍵となるように、総合的な学習の時間の目標は、各学校の教育目標を踏まえて設定することを明確化した。

(2) 学習内容の改善と充実

総合的な学習の時間の目標を踏まえた探究課題を設定するとともに、課題を探究することを通して、育成を目指す具体的な資質・能力を明確に設定することとした。加えて、探究的な学習の中で、各教科等で育成する資質・能力を相互に関連付け、実生活の中で活用できるものとなることを重視した。また、教科を越えたすべての学習基盤となる資質・能力を育成するため、課題を探究する中で下記のような活動が実施されるようにする。

①協働して課題を解決しようとする学習活動
②言語により分析し、まとめたり表現したりする学習活動（比較・分類・関連などの技法の活用）
③コンピュータ等を活用した、情報収集やそれを整理し発信する学習活動
　※小学校：情報手段の基本的な操作の習得や情報手段の選択・活用する技能の習得を含む

(3) 学習指導の改善・充実

自然体験やボランティア活動などの体験活動、地域の教材や学習環境を積

極的に取り入れることを引き続き重視した。さらに、プログラミングを体験しながら論理的思考力を身につける学習活動を行う場合に、探究的な学習の過程に適切に位置づけるようにする（小学校）。

　今回の改訂では、上記の通り、「探究的な学習を通して、よりよく課題を解決し、自己の生き方を考えていくための資質・能力を育成」と「総合的な学習の時間の目標は、各学校の教育目標を踏まえて設定すること」を明確化したことが大きなポイントとなる。中でも、各学校において定める目標及び内容の設定に当たっては、次の事項に配慮するもと示されている。ここでは、今回の改訂によって加筆された内容を提示する。

・各学校において定める目標については、各学校における教育目標を踏まえ、総合的な学習の時間を通して育成を目指す資質・能力を示すこと。
・各学校において定める目標及び内容については、他教科等の目標及び内容との違いに留意しつつ、他教科等で育成を目指す資質・能力との関連を重視すること。
・各学校において定める内容については、目標を実現するにふさわしい探究課題、探究課題の解決を通して育成を目指す具体的な資質・能力を示すこと。
・探究課題の解決を通して育成を目指す具体的な資質・能力については次の事項に配慮すること。
・目標を実現するにふさわしい探究課題及び探究課題の解決を通して育成を目指す具体的な資質・能力については、教科等を越えたすべての学習基盤となる資質・能力が育まれ、活用されるものとなるように配慮すること。

3　総合的な学習の時間における課題と解決方法

　これまで述べてきたが、総合的な学習の時間は、昭和22年及び昭和26年の学習指導要領試案の社会科学習の精神を強く引き継ぐものである。したがっ

て、問題解決学習の効果と課題を同時に併せ持つ（問題解決の質や深さについて）特徴を備えていると考えられる。高久清吉は、総合的な学習の指導方法上の問題点として、いわゆる「教科書のない方法」と「『プロセス重視』の偏り」を取り上げている。「教科書のない方法」とは、教師が手作りで児童の主体的な学習活動を創造していかなければならないことを意味し、いわば教師の力量に対する不安である。そして、もう一方の「『プロセス重視』の偏り」とは、児童の自己活動や問題解決過程を重視しすぎるため、学習内容の消化不良に陥る危険性を指摘しているのである。加えて高久は、実践的な課題として「手作りのカリキュラム」と「這い回る経験学習」の克服を主張している。中でも、「総合的な学習の時間」の「ねらい」と「課題」のとらえかたに着眼し、「子どもの発達段階や学習段階のそれぞれに応じ、目指す能力や方法などの具体的内容がはっきりしてくる」と、発達段階における方法と内容のとらえ方に課題解決の糸口を見いだしている。つまり、目指す能力における系統的な学習方法と内容の統一を望んでいるのである。

　教育現場からの悩みを佐藤真は、「ただオリエンテーションを行って教師が児童に学習問題を与え、さまざまな活動を複線型授業によって児童に活動させ、最後に発表会をさせてまとめたとしても、それは、形だけの問題解決的学習になってしまう」と述べている。佐藤は、何よりも児童自身が問題的場面に遭遇し児童自らが学習問題を発見することと、それが問題解決の探究過程そのものが児童自身の切実な願いと思いにつながっていくことの必要性を強調しているのである。同様に、井上正英は、「『子どもたちにとって必要であろう』と教師の価値観から設定した課題が、真に子どもにとって問題になり得ない場合があるのではないか」と教師中心型の課題設定を批判し、「与えられた内容枠の中で、テーマを発見していくのではなく、広く生活事象から課題（テーマ）を発見していけるような学習活動を組む必要がある」と述べている。佐藤も井上も、総合的な学習の時間における学習課題（＝学習問題＝テーマ）の設定が課題であり、それを解決することの難しさを指摘

しているのである。

　これについて、梶田正巳は、「総合学習を効果的に進めるためには、追究する『テーマ（課題）』が大きな働きをしている」ことを指摘し、「教科学習では教科区分に従った主題を学ぶことになるが、自由研究、プロジェク後（課題研究）では、こうした制約がないので、目標による認識の総合化が自然に起きる。するとどのようなテーマ（課題）に取り組むかを十分に見極めることが出発点になるのである」と論じている。同様に、田中耕治も、「よいテーマを選ぶことは、『総合的な学習』の出発点であると同時に、その成否を分ける重要な分岐点」と主張し、テーマ（課題）の設定が極めて重要な意味をもつことを指摘している。これらのことから、テーマの設定（設定方法も含む）が、総合的な学習の時間の最大の課題であると同時に、その成否を決定するといっても過言ではない。そして、ここに児童が主体的に学べるかどうかがかかっているのである。

　テーマの設定方法について、國元慶子は、「年間テーマを設定する際には、現代社会と向き合い子どもと共に学んでいきたい、考えていきたい内容とした。また、対象にこだわり、繰り返し働きかけるようなダイナミックで息の長い活動を構想した。子どもの意欲・関心・知的好奇心を支えるテーマがあれば、テーマに沿って全力で解決し、できた喜び、成就感をもち、たくましく生きていこうとする実践力が身に付いていくと考える」と述べている。加えて、國元は、「さらに活動内容がわかり、子どもたちの合い言葉になるようなインパクトの強いテーマになるよう、ネーミングにもこだわった」ことを強調し、児童の意欲・関心・知的好奇心の喚起を提案している。さらに、櫻井眞治は、そのような活動にするためには「子どもと教師の願いを出し合って活動を生み出す総合活動では、話し合い活動の充実が一層求められる」と、テーマや学習課題を設定する場合においての「話し合い活動」の重要性を指摘している。つまり、総合的な学習の時間における、対話的な学びとなることの効果を指摘しているのである。

　総合的な学習の時間における話し合い活動の可能性として、櫻井は、「①
友だちの考えを聞くことで、自分の考えに修正を加える場がひらかれる。②
友だちを説得したり、自分の考えを通すために、調べたり、まとめたりする
場がひらかれる。③お互いの考えをぶつかり合わせたり、重ね合わせたりし
ながら、一つの結論を導き出すことのむずかしさと喜びをあじわう場がひら
かれる」と述べている。さらに、これらの「話し合い活動」を基盤として、
塩田寛幸は、「学習課題というものは、学習すればするほど次々と新たなも
のが出てくるものである。自分で見つけた課題に取り組む中でいろいろと課
題が広がることで学習が成立する」ことを強調している。即ち、「対話的な
学び」の授業の重要性を指摘しているのである。

　以上のことから、総合的な学習の時間のテーマを設定するには、児童の関
心や意欲を基盤とした「話し合い活動」が効果的な方法の一つであると言え
る。そしてそれが「主体的・対話的で深い学び」へとつながることの始まり
と考えられる。

4　総合的な学習の時間における「話し合い活動」

　総合的な学習の時間の目標は、小学校学習指導要領によれば、各教科・領
域を基盤として、いわゆる「自己学習能力の育成」「主体的・創造的な生き
方の確立」「協働的な学びと社会参画」と、とらえることができる。これら
の目標に迫るためには、個々の児童が何よりもまして、主体的に学習活動を
展開するという前提に立たなければならない。そしてこれが意味する状況は、
一人一人の児童が自己の思いや願いに基づいて学び合っていくことを示して
いる。しかし、従来の一斉指導を基盤とする授業では、個々の児童の興味や
関心、あるいは意欲の程度の差によって様々な「ずれ」が生じる。このこと
について、上田薫は、「『ずれによる秩序』あるいは『矛盾による秩序』」を
提唱し、児童の主体的な学習活動には個々の多様な動きがあることを強調し

ている。加えて、上田は、「動的相対主義」を掲げ、改めて、児童の個性を知り、授業における「ずれ」を意識しながら、「絶対的なものはないと自覚しつつ、なおどこまでも粘り強く真実を求めること」が生きた授業を成立させることになることを指摘しているのである。つまり、子どもたち一人一人の思考の「ずれ」を大切にして生かすことこそ、児童主体の生きた授業が展開されることを主張しているのである。そのためにも、「話し合い活動」は極めて重要な位置を占める。上田は、よい授業のための手がかりの根本法則として、「①人間理解を深め創造力を豊にする。②時間空間を十分に活用する。③個のために集団を生かす」の3点を提案している。これは、まさに今回の学習指導要領において明記されている「主体的・対話的で深い学び」の「対話的な学び」を深化させるための方法と言える。

　これら、上田の人間理解の知見に立って、総合的な学習の時間における効果的な「話し合い活動」を追究するために、2つの先行研究の事例について考察を加える。

（1）静岡市立安東小学校の事例から

　安東小学校は、上述、上田の理論を踏まえて、「話し合い活動」を授業の中心に位置付け、「カルテ」「座席表」を活用している。「カルテ」とは、「子どもを理解するための方策の一つ」であり、「表面的な授業の表れや生活全般での表れを綴り続けることはせず、子どもをより具体的にかつ多面的にとらえるため」に用いられている。具体的な方法については、「カルテの形式は、人によって様々である」と述べている。下記図1は、「S男のカルテ」の事例である。

　このように「カルテ」に記載されたS男の具体的な状況から、やがて教師はS男をとらえ直す機会を確認することになるのである。本事例においては、S男を社会科の授業の中で「位置付け」（後段で詳述）、発表させることを通して、生き生きと活動できる場を提供している。

| 4／5 | 入学式の準備の時友達と追いかけっこをしていた。 ※状況判断ができない子だな。自分のやりたいことを優先してしまうのかな。 | 4／19 | 歴史に興味をもっているのかな。初めて組体操の練習をした時倒立ができない子どもたちにこれから練習を続けるように言ったがS男は「ぼくは練習してもできるようにならないしな」とつぶやく。 |
| 4／16 | 登呂遺跡の見学の時、メモを一生懸命取っている姿が見られた。 ※体験学習は好きそうだ。 | | |

図1 「S男のカルテ」

　さらに、「座席表」については、その役割を「ある時点で、ひとりひとりの子や学級全体を教師がどうとらえているかをはっきりさせる役割を担っている」と述べ、「話し合い活動」における教師の構えを提示している。また、「座席表にひとりひとりのとらえや願いを書き表していくことで、学級集団の中でその子が位置している場所やたがいにかかわる姿が見えてくる」と、その効果を強調している。加えて、抽出児童を「位置付ける」ことで、その子の思いや願いを生かし、児童のリアリティーを全面に出した「話し合い活動」を展開している。

　安東小学校において、児童の「位置付け」に関しては、「数人の子を選び出し、その子たちひとりひとりに授業の目標を設定してみる。そうすることによって、授業は具体的な子どもの『ありかた』に即したものとなり、子どもに密着したものになる」と述べている。児童を「位置付ける」ことで「話し合い活動」の中心が明確になるとともに、児童中心の話し合いとなり、座席表と関連させて、児童相互の「話し合い活動」が活性化していくものと考えられる。

　以上のことから、「話し合い活動」における「カルテ」と「座席表」の効果は、単に子ども理解に役立つだけではなく、それ以上に教師自身を見つめさせ、教師の子どもへの洞察力を錬磨していくものであるといえる。以前、安東小学校に勤務していた星野恵美子も、「人を知るカルテとは、自分を知

ることである。子どもを見ることは、自分を見ることである」と、「カルテ」を活用することが教師の自己理解の促進へもつながることを認めている。これは、教師の力量が「話し合い活動」の質的な向上と深く関連していることを意味している。

　しかし、その一方で）、上田は、「座席表への授業時間中の、あるいは事後の書き込みの重要性に言及されることが少ないのはすこぶる残念なことと言わねばならぬ」と、「座席表」の課題を指摘している。さらに、星野も、「『カルテ』は、それだけで独立するものではない。指導する上で、必要な一要素にすぎない」ことを強調している。このことから、「カルテ」や「座席表」は、授業を中心として、相互に関連させてこそ、初めてその効果が強く発揮されるものであり、それぞれが深く関連するだけに、絶えず加筆修正を加えていく必要がある。

(2) 富山市立堀川小学校の事例から

　堀川小学校では、子どもの自己実現をはかる授業を目指し、「私たちが最も大切にしていることは、どの子にもその子なりのよさや可能性があるという前提に立ち、それをとらえることに全力を傾けるということである」と述べ、児童中心主義の立場からの授業の構想を図っている。具体的には、「子どもの個性をとらえ、子どもが生きていこうとする方向を見極め、理解していくことで、子どものよさや可能性を授業の場で生かすことができる」ことを提案し、何よりも児童理解が重要であることを主張している。加えて、「それぞれの子どもの立場や視点を出し合うことによって、いろいろな個性がぶつかり合い、自他の違いを見いだしていく契機にもなる」と、集団活動とりわけ、「話し合い活動」の重要性を述べている。これらの考え方は、前項の安東小学校と同様に、授業を児童中心の視点でとらえているといえる。

　堀川小学校では、「話し合い活動」を集団活動の中心に位置付けている。藤井は、これを「基調提案－検討方式」と呼び、その具体的な方法を示して

いる。下記図2は、「基調提案－検討方式の仕方」を示したものである。

（準備） ・第一発言者の候補（三人ほど）をあげておく。 ・第四発言者くらいまでを予定しておく。 （展開） ・基調提案……学習問題、調査方法、分かったこと、考えを述べ、問いかける。 ・論点の形成と発展……自分の追究と比較して検討する。 ・新たな「問題」の成立……次の「学習課題」が明確になる。	・話し合いのまとめ……みんなの考えを聞いて、どう深まったかを話す（第一発言者）。 （留意点） ・第一発言者の追究には「教材性」があるか。 ・第二発言者以降の論点を絞り込み。 （教師の役割） ・指名により、基調提案の「主旨」を他に響かせ、論点を形成させる。 ・「踏みとどまり」、「考え」を見つめ直させる。

図2 「基調提案－検討方式の仕方」

　上記のように、堀川小学校においては、「基調提案－検討方式」と呼ばれる方式で、「第一発言者」などの表現を使用して、授業に抽出児童を「位置付け」た「話し合い活動」を展開していることが分かる。これは、教師が児童の内面をとらえ、常に児童を揺さぶるための教材の選定と提示の工夫をしてきたことを示唆している。上田がこれまで指摘してきたように、教師は児童の内面を深く洞察してこそ、個々の児童が相互につながっていく「話し合い活動」が展開されていくと考えられる。そして、そうなってこそ初めて、児童にとって真に価値のある「話し合い活動」となるといえる。

（3）その他の具体的な方法
　これまで、安東小学校や堀川小学校の事例について考察を加えてきたが、それ以外の「話し合い活動」の方法として、藤井は「ディベート的方式」を提案している。準備の段階で、二者択一的なテーマに基づいた学習課題を設

定させ、どちらかの立場に立たせることからディベートが開始される。反対側の立場の友達を説得し、翻意させることを目指すが、あまり「決着」にはこだわらない。それは、藤井が、児童に自分なりの考えをもたせることを重視しており、児童中心の「話し合い活動」になることの必要性を強調しているからである。加えて、藤井は、「話し合い」からさらに進んだ形態として「語り合い」への移行を提唱し、そのための留意点を次の4点に示している。

①相手に理解してもらうことをめざして、「自分を語る」ように発言させること。
②主張が一貫しているよりも、深められ変わっていくことを大切にすこと。
③論点が拡散的になっていくことを重視すること。
④考えがどのように「深められ変わったか」を「まとめ」として振り返らせること。

　これは、「話し合い活動」の発展的な姿であり、理想的な段階と言うことができるだろう。現実には、安東小学校や堀川小学校の事例を参考にしながら児童理解を促進させ、児童の実態に即した形態を選択し、児童の内面の動きを反映させるような「話し合い活動」を目指す必要がある。また、「総合的な学習の時間」が各教科の基礎的・基本的な内容が土台となって効果的に実践されるという立場に立って考えると、児童の発達段階とそれにかかわる他教科の学習内容との関係を無視することはできない。とりわけ、国語科における「話すこと・聞くこと」の学習は重要な位置を占めることとなることは言うまでもない。これらのことから、「話し合い活動」は、「主体的・対話的で深い学び」を実現するためのアクティブ・ラーニングの視点として、効果的な方法であり、「主体的な学び」「対話的な学び」「深い学び」の三つの視点が子どもの学びの過程として一体となって実現していくために必要不可欠な活動である。

（4）総合的な学習の時間の役割と期待

　本章では、「主体的・対話的で深い学び」を展開するための総合的な学習の時間についての在り方を、課題設定とその解決方法の視点から検討を試みてきた。社会の変化が激しく将来を予測することが困難な時代だからこそ、総合的な学習の時間の役割と期待の大きさを実感した。そして、改めて、総合的な学習の時間の創設における意味や意義を考えたとき、その中心となるのは児童中心とした問題解決的な学習活動であり、戦後の経験学習の考え方がその根底にあることが明らかとなった。また、課題として、「問題」を発見と「共有」することの難しさと、「解決過程」の深さの差異についても浮き彫りにすることができた。さらに、その一方で、いつも危惧されるのは、「活動あって学びなし」と言われるいわゆる「這い回る経験学習」の到来である。これまでの学習指導要領の改訂の経緯を見ても、これらが繰り返されてきたのも事実である。この度提唱された「主体的・対話的で深い学び」を実現するために、アクティブ・ラーニングの視点が強調されればされるほど、授業者は方法論に終始してしまう傾向がある。だからこそ、前章において上田が主張したように、問題解決するに当たって、教師も「自己のすべてをひっさげて他と対決すること」が必要であることの重要性がわかった。そして、「主体的・対話的で深い学び」を展開するために、常に子どもたちの問いや問題解決過程の思考を深めていくことと、「話し合い活動」を中心とした「対話的な学び」を絶えず工夫して授業改善を行っていく必要があることが明らかとなった。つまり、質の高い「深い学び」を実現しいくためには、「対話的な学び」＝「話し合い活動」を基盤とした児童中心的な授業を如何に充実させることができるかが重要となる。さらに、これらの学習活動が、いわゆる「這い回る経験学習」の再現を阻止することにもつながる。子どもたちに「話し合い活動」を基盤とした「主体的・対話的で深い学び」が実現すれば、学習内容を深く理解し、生涯にわたって能動的に学び続ける資質・能力を身につけることができるのではないだろうか。

現在、教職員の長時間労働が問題となっている。筆者も小中学校の教員経験があり、休日・祝日をおかず学校へ行って仕事をしてきた。特に、中学校時代は、部活動の顧問をしていたことから、それが当たり前の生活であった。他の職業との接点が少ないため、比較することもなく、目の前の子どもにしか目に入らなかった。部活動は、強くなればなるほど、日々の練習にも力が入り、様々な大会から招待され、忙しくなる。保護者や周囲からの期待も大きくなる。ますます土曜日曜等の自分に時間がなくなってしまうのである。これが、いわゆる「部活ブラック」といわれる所以である。尾木直樹は、「行き過ぎた部活動をなんとか是正しないと教員の長時間労働は改善しないのでは」と主張している。しかし、戦後からこの体制を続けてきた現状では、言うは易く行うは難しい。まさに、この問題を解決するためには、教師が自ら「主体的・対話的で深い学び」を実現していくことで、効率化を図っていく必要がある。中でも、「深い学び」については、ドナルド・ショーンが「反省的実践家にとって『行為の中の省察』は実践の核である」と述べているように、日々の教育実践の中から様々な気づきをしていかなければならず、常にその感性を磨いていく必要があると考える。まさに学習指導要領で主張している生涯にわたって学び続けることの意味がここにある。

【引用・参考文献】

　文部科学省編『小学校学習指導要領（平20年告示）』東洋館出版、2008年。

　文部科学省編『小学校学習指導要領（平29年告示）』東洋館出版、2017年。

　吉崎静夫『総合的学習の授業づくり』ぎょうせい、1999年。

　中野重人・廣嶋憲一郎編著『自ら学ぶ「総合的な学習の時間」のつくり方』東洋館出版、1999年。

　新井孝喜「茨城大学教育学部附属中学校『総合学習と教育課程経営』東洋館出版社、2000年。

　高久清吉『哲学のある教育実践－「総合的な学習」は大丈夫か－』教育出版、2001年。

佐藤　真『主体的に学ぶ「総合的な学習」の多様な計画＆実践』東洋館出版、1999
　　年。

田中耕治『21世紀の学校づくりブックレット『総合的な学習授業プラン』日本標準、
　　1999年。

櫻井眞治『総合学習・生活科・社会科活動研究ハンドブック』教育出版、1998年。

上田　薫『ずれによる創造』黎明書房、1973年。

上田　薫『人間の生きている授業』黎明書房、1992年。

静岡市立安東小学校『個が深まる学び〜安東小学校の挑戦〜』明治図書、2005年。

星野恵美子『「カルテ」で子どものよさを生かす』明治図書、1997年。

上田　薫、静岡市立安東小学校『個に迫る授業』明治図書、1999年。

富山市立堀川小学校『自己実現をはかる授業』明治図書、1994年。

藤井千春『問題解決学習のストラテジー』明治図書、1996年。

藤井千春『問題解決学習で「生きる力」を育てる』明治図書、1997年。

尾木直樹「シンポジウムで考える　教職員の長時間労働　学校での働き方改革」
　　『AERA』朝日新聞社、2018年。

ドナルド・ショーン、佐藤学・秋田喜代美訳『専門家の知恵』株式会社ゆみる出版、
　　2001年。

第5章　実践的な思考指導の方法

　本章では、これまで論じてきた思考指導について、具体的な思考方略として学習者が抱くイメージに着目した指導方法について論じる。特に、イメージを「色」と「形」で具象化する方略についての効果とその有効性について論究する。

1　授業におけるイメージの効果

　授業ばかりでなく、学校教育の中でイメージという言葉がよく使われている。使っている方も聞く方も、あまり気にせず暗黙の了解を得ている。例えば、「主人公の心情をイメージしてください」とか、「着地したときの姿をイメージして」など、事例をあげればきりがない。吉本均は、「子供は、事物・現象についてのイメージを豊かに持つことで、概念・法則形象を捕まえるきっかけを手に入れ、学習への能動的・主体的参加が可能となる」と、イメージが今日の授業の中でよく取り扱われるようになった理由を述べている。

　社会科教育の中で、イメージという言葉が現れだしたのは、直接的な追体験のできない歴史教育の分野で最もよく論じられてきた。久坂三郎によると、1945年に発行された『新しい歴史教育』にこの言葉が記載されていることを指摘している。このような状況の中で、多田俊文によれば、子どものイメージについての議論は、およそ次のような経緯をもって考えられてきたと述べている。

①外在的客体としての教科内容の科学性と系統性を強調し、それを子どもに楽しく主体的に学ばせるための方法原理として、イメージを動機づけ的に利用する考え方。

　ここでは、子どもの認識過程は本質的な意味で、内容と切り離されているのである。

②外在的客体としての教科内容の科学性と系統性を強調しつつ、同時に、これを子どもの認識過程の内部において確保しようとする考え方。

　この場合、子どもの認識過程における言語可能な論理的な働きを主導的な物と見なしている。したがって、知識や論理として子どもが表現するもの、知識や理論として教師が言語的に表現できるものの科学性と系統性が問題となる。イメージは、この主導的な働きかけを助ける働きかけをもつものとされ、認識のための方法的な意義を与えられている。やはり、学習指導上の方法原理を根拠づけるものとして利用されているのである。

③同じく教科内容の科学性と系統性を子どもの認識過程の内部において確保しようとするものであるが、認識過程における言語化しがたいイメージにきわめて大きな意義を認める考え方。

　すなわち、小学校段階の子どもの社会認識の達成状況、社会に関する概念の実体的なありようとしてイメージをとらえているのである。これは、言語化される知識と並んで、学力の一部としてのイメージの獲得を目指すものである。単に、指導の方法原理を根拠づけるものとしてイメージを利用するだけでなく、学習内容を担う実態として目標にするということである。

　こうしたイメージをめぐる議論は、社会科教育の科学性と系統性ということが、はじめは教科内容で考えられていたのに、徐々に子どもの認識過程の概念で考えられるようになってきたことを示しているのである。また、イメージをほとんど問題にしない考え方もある。社会科は、子どもの社会認識を問題にするより、子どもによる社会事象の「説明」を目指すべきだとする考え方である。つまり、イメージのような認識論的カテゴリーを取り上げず、言語化による「説明」に含まれる命題的論理的なもののみを問題とする考え方である。

　このように、これまでの社会科におけるイメージに対する考え方を見ると、

教科内容の科学性と系統性を子どもの認識過程において確保するために利用されてきたことがわかる。しかし、その一方で、思考の所産を言語として注目してきたことが言語主義を招いてきた反省もある。思考過程をイメージであると仮定すれば、イメージは、むしろ子どもの経験を言語化するため、より言語表現に近づけるための補助的な働きと考える必要がある。同時に、それを表現することによって、さらに思考の発展を促進されることができるのではないかと考えられる。

　多田は、イメージの意義を次のように述べている。「学ぶに値するとされる概念は、人類の歴史的社会的経験の産物であり、子どもはそれをイメージや言語というシンボルを手段として学んでゆく。また、イメージや言語というシンボルを手段としてこの概念を発展的に次の世代へ伝えていく。シンボルを使用できるということが人間に固有の文化の学習を可能にしているのである」と。つまり、多田は、イメージを言語と同様に学ぶべき内容を表すためのシンボルとしての意義を主張しているのである。加えて、佐伯胖は「私たちが『イメージを通して』可能性を探るとき、イメージは探究の出発点を構成している」と述べ、さらに、「可能性探索の軸を選ぶときのヒント、また、可能的な変形の途中での内的一貫性のチェック、整合性のチェックのために、イメージが大いに役に立つ」と主張している。そして、その理由として佐伯は、イメージが私たちの理解を助けるのは、可能性の生成と一貫性のチェックの両側面の吟味を同時に行うことができるからだと主張しているのである。さらに、このような吟味が個性を越えた一般性、抽象性、普遍性のある理解へと導いてくれると述べている。つまり、イメージを多田は概念を発展的に捉えていくための手段・方法として、佐伯は探究の出発点としての可能性の生成と一貫性のチェックをするものとしてとらえているのである。

　これは、授業が子どもたちの思考過程を促す活動であるならば、まさにイメージは子どもたちが思考し理解していく活動そのものであり、可能性を広げ思考を深めていくものでなければならない。そして、多田が主張するよう

に、イメージするという育活動が結果として概念を捉えられるものであることが望ましい。したがって、授業に視点を当てて考えると、イメージのない授業は、思考活動のない授業のごとくあり得ないとさえ言えるのではないだろうか。よって、実際の授業では、子どもの経験を言語化する場合に言語主義に陥ることのないように、思考過程でもあるイメージが補助的な機能をしていることを考慮する必要があり、より一層経験に近づける作用をする働きをしていることを理解する必要がある。また、それが子どもの思考の可能性を広げる思考指導としての意義になるのではないだろうか。

2　イメージと思考指導

(1) 従来のイメージと授業

　多田は、イメージの側面は、いわば無限につづく「わかる」過程の中で論じられるものであると述べ、授業分析（小学校6年生社会科学習）をもとに、論理的思考が弱いから小学生はイメージをなどという従来の授業について批判しいる。いずれにしても、従来の社会科学習においては、イメージは概念形成の方法として扱われてきたのである。

　その一方で、佐伯は、従来の授業で用いられたイメージについて、「イメージを通しての理解」とか、「イメージづくりによる理解」が十分に考慮されてこなかったことを批判し、次のように指摘している。

　「従来の授業でもちいられたイメージは、何か『教えるべきこと』を導きされる手段とされていた。ここでいう『教えるべきこと』がさきに述べた『イメージを通して理解される』概念である場合も多いが、多くの場合、そうではなく、ことばで表された定義やことばで決まられた『約束事』や『きまり』（公式や規則、法則）などであった。そのような『ことばによる理解』を常に最優先してきたというのが従来の学校教育の最大の特徴であった。一つのことばが多のことばの発生をうながし、そのようなことばの連鎖によっ

て『答え』を生み出されるように指導されてきた。図や絵を示しても、そこからいろいろな関係を読みとるだけに利用され、ひとたび理解が得られると、ことばを割り当て、ことばで定着させようとしてきた」

　このように、教えることを導き出すために概念化を図る手段としてイメージが用いられてきたことを指摘し、加えて、「『作者の身になれ』とか『主人公はどのような気持ちでしたか』などの指示によって、イメージをつくらせようとする働きかけは、認識を極端に個別化させてしまい、それぞれの場合に個々の認識は生み出しても、個から一般への連続的変形（可能的連続体の変形）はあまり考慮されてこなかった」と述べている。つまり、イメージは、様々な事例、エピソード、特徴や側面の抽出や分析はできても、知識の位置づけ、価値、意義などを自分で構成するチャンスを与えてこなかったのではないかと指摘しているのである。以上のように、これまでのイメージによる授業は、指導者が一方的に指導すべきこと（教えるべき言語内容）を概念化させたり、言語化されたりする方法として利用されてきたのである。

　また、宇佐美寛（U）は、小学校６年生の社会科「明治の世の中」を取り上げる授業について、授業者である教師（A）と、次のような会話をしている。

U 「そうなんだ。授業であらわにやり取りされているのは、ことばなんだが、子どもの思考の中味にはそれとは異なる質の秩序が働いている。教師のことばももちろん教師の思考の中味そのままではない。比喩を使えば、教師も子どもも考えていることをそのまま言うことはできないから、一時のフランス語のような、第三国の、外交用の言語を使うわけだ。それを双方がそれぞれ翻訳して、それぞれわかった気になる。イメージは、さっき言ったように、従来の授業計画を表現することばには乗らない。俳句が英語に乗らない以上に乗らない。」

A 「だいぶ見えてきた。授業を子どもと教師の思考まで深く含みこんで考

えようとすると、色々な論じ方が成り立ち得る。授業の『システム化』、『……方式』等々、いずれもある範囲では有効だということになる。従来の指導案のつまらなさは、言葉の有効範囲を自覚する意識なしに使われていたところにある。特に、今、話にでたようなイメージとことばの差異、それにもかかわらず、なんとかことばで伝達し、ことばを媒介としてイメージを変えさせようとする努力、……こんな微妙・複雑な緊張関係をとらえることばが、授業構想を論ずる従来の論じ方にはみられない。だから、１時間の授業の中で５分刻みくらいに進み方を決めた計画などよりも、他人が読んでもわからないような、僕と子どものイメージを粗く書いた、一見とりとめもないようなメモを用意した方が、よっぽど子どもの思考に即した、気持ちのいい授業ができるということにもなる。」

　上記の会話の中で、宇佐美（U）が指摘しているように、イメージは従来の授業計画を表現することばには乗らないのである。むしろ、ことばの裏側にある経験をつないでいるものなのである。しかし、これまでの学校現場におけるイメージに対する考え方は、授業計画全体を払わすものとしてとらえられてきた傾向があったのである。教師（A）も、ことばを媒介として、子どもにイメージを変えさせようと努力してきたことを認めている。
　このような学習について佐伯は、このようなイメージ学習の最大に欠点の原因は、「イメージ」といものを絵や図のような映像そのものであるという錯覚にあると述べ、頭の中で絵や図を思い浮かばせたり、黒板に絵や図を描いて説明すればよいと考えがちではなかっただろうかと従来のイメージを活用した授業の在り方に疑問を投げかけている。そして、佐伯は、イメージは可能性の生成と一貫性の吟味という、きわめて「非・イメージ的な」認識作用を伴い、それを発効させたときに「理解」が成立することの重要性を指摘しているのである。加えて、そのような「理解」は、定義や公式の導入でもないし、「答え」の産出でもない。いわゆる、「納得」（ほんとうにわかること）

の世界の形成であることを主張している。

　以上のように、宇佐美にしても佐伯にしても、これまでのイメージによる授業は、教師が主体となって子どもに概念形成の方法として、あるいは答えを導き出す手段として言語化したり、ことばをもとにイメージそのものを変えさせたりする方法の一つとして活用されてきたことを批判しているのである。つまり、これまでイメージを映像そのものとして思考の構造や所産をとらえる方法、あるいはそのものとして授業に用いられてきたといえる。しかし、一つの過程としての思考を抽象する観点により、「イメージ」あるいは「概念」という概念が成り立つのであり、それを離れて全くのイメージのみ、全くの概念のみという思考段階はあり得ない。したがって、イメージや概念を思考過程における段階としてとらえてはならないといえる。よって、認識していない映像というものは実際にはあり得ないし、知覚は全く言葉をもたないものが行っていることではない。それ故に、イメージがすでに思考でもあり得るのである。また、イメージは、現実の中にある事柄、ある性質のみを取り出して構造化している点で抽象的なのである。言葉によって人間の抽象能力は高まるし、イメージの抽象性も言葉によるところがあるが、言葉のないところに抽象がないとはいえないのである。

(2) イメージを生かした授業のとらえ方

　佐伯は、イメージによる教育について、「イメージによる教育というのは、吟味することの教育でなければならない、ということである」と述べている。

　佐伯は、これまでイメージによる教育をその内容を吟味することではなく、事実の記述や描写等、いわゆる「うつし」として考えてきてしまったことを指摘しているのである。私たちがイメージを考えるときは、外界をわかろうとする中で、一つのあらわれを何かの変化の流れのうちに位置づけてみること、他でありうるがたまたまそうなっているととらえたときであると主張している。また、そのことは、他になり得た別の可能性、これから先になり

得る可能性を読み取ることができるはずであり、無限例証的な（「例えば…」といえば、いくらでも例示できる）概念の把握が成立しなければならないのであると、吟味することの重要性を指摘している。

　加えて、宇佐美も学習者が考える力を自分で育てることの重要性を強調し、そのためには疑問を持つことが必要であり、疑問の最大の源泉は自己の知覚データとイメージが概念・命題にひきなおせぬものを含んでいることに気づくことであると主張している。

　つまり、イメージを生かした授業は、学習者が概念とイメージのずれを常に吟味して考え、疑問を持ち続けるものでなければならないのである。そして、その疑問がさらに新しい問いを生み、自発的に問題を解決していく学習意欲を喚起すると考えられる。それでは、このようなイメージを生かした活動を授業においてどのようにとらえていったらよいのだろうか。宇佐美は、子どもの思考におけるイメージの測定の仕方をデューイの言葉を借りて、社会的に安定した本来の意味からは、ずれた意味で語が使われている事実に注目することの重要性を指摘している。そして、そのような語がなぜ使われたかを考えることにより、イメージを推測する方法があることを示している。さらに、子どもが話すのを聞いたり、こちらから質問して聞き出していると、どのようなイメージを持っているのかが推測できると述べている。

　このように、デューイが指摘したように、社会的に了解された意味とずれた語が使用されていることに注目し、その理由を詳しく聞いたり、子どもの話す内容に質問を加えていくことで、おおよそのイメージをつかむことができる。つまり、この方法は、いかにして言語に表れていない部分を表現させるかに着目したものといえる。そのためには、子どもたちに、自分の考えや思い願いを表現させる機会を設定する必要がある。したがって、授業においては、子どもの自己を表現できる機会をいかにしてつくっていくかが重要となる。

　筆者の実践（第6章）においては、子どもが抱くイメージを「色」と「形」

によって表現したものを言語によって説明させた。道徳の授業では授業の導入と終末に、特別活動と社会科の授業では単元の導入段階と終末段階の2度にわたって表現させた。このことから、子ども一人一人の「色」と「形」の変化もさることながら、子ども自身の説明の変化により、各自のイメージを推測することができた。これは、子どもたちにとって、視覚的に実感できる存在としての「色」と「形」によって表現された作品があるので、言語による説明を容易にすることができたと考えられる。また、生徒の説明が詳細になればなるほど、各自の抱いているイメージを推測しやすかった。

3　イメージを生かした授業改善

(1) イメージのシンボル化

　学習活動は記号活動（文字を媒介とした活動）であるのだから、コミュニケーションの手段である言語を用いなければならない。しかし、自己の経験そのものをすべて言語化することは不可能である。加えて、E.デールが「経験の円錐」において示しているように、言語的象徴はもっとも抽象的な表現である。子どもにとって自分の考えや思い願いなど、経験を言語によって表現することは難しい。ましてや、それを伝達するとなるとさらに困難である。

　そこで、イメージに着眼することで、経験と言語を結び言語化することを補助しながら、思考を深めるはたらきを授業の中で実践したいと考えた。子どもたちにとって、自分が経験したことのない言語（情報）を解釈するためには、イメージが必要である。経験がなければ、自分の類似の経験を操作して解釈する。そうしなければ、言語主義に陥ってしまうのである。

　しかし、これまで述べてきたように、佐伯はイメージを移された像としてではなく、任意の像を生成できる活動対としてとらえ、イメージの働きに着目している。また、宇佐美はイメージを変化する絵のようなものであり、概念で計り得ないものを含んでいると述べている。このように、イメージは、

映像をつくり出すものではあるが映像そのものとは異なる活動体でもあり、概念では計り得ないものを含んでいる。

　したがって、これまでも繰り返し強調してきたがイメージは連続的に変化し、あいまいなものであるが、思考過程を考える上で必要不可欠な視点である。このような性質から、イメージを意識した授業を展開するためには、子どもたちが何らかの形でイメージした内容を目に見えるように表現し、それについての意味を様々な観点から言語化することが、イメージをとらえていく視点になるのではないか。さらに、イメージは言語化しずらいので、何らかの形でシンボル化する表現を試みることが言語化を容易にし、思考過程の変化をとらえることに有効ではないだろうか。つまり、イメージを意識してその一面を表現することで、経験を言語化するための補助として活用するのである。このことは、子どもの思考過程を明らかにしていく方法の一つとして、効果的な思考指導となり得る。

　C. G. ユングは、「人は象徴をつくる傾向をもち、無意識のうちにものや形を象徴に変化させていく」と、人間は本能的に象徴化する傾向をもっていることを指摘している。また、バーラインは、イメージと他のシンボル反応との間を区別する方法が皆無であり、シンボルと記号対象との境界がなことを主張している。これは、シンボル反応を多少とも想像的なものとして分類せざるを得ないことを示唆しているのである。

　筆者は、これまでイメージのある一面をシンボル化して表現する活動を授業に設定することで、子どもの思考指導に役立てようと考えてきた。しかも、この方略は、表現した作品を通して、子どもたち自身に様々な問いが生じたのである。すなわち、このような活動を取り入れることで、子どもたちは既有経験を基にイメージしたり、経験のない言語（情報）も類似経験をイメージによって操作することで、学習内容を意欲的に表現し、さらに、表現したことによって言語化しやすく思考が深まったのではないか。これを佐藤学は、表現することが個性を佇立することだと述べている。具体的には、表現する

ことが「内」から「外」へと向かう表出としての表現（expression）であるだけでない。もう一面で表出を様式において統制し「外」から「内」へと回帰させる「表象＝再生」としての表現は、模倣（ミメシス）としての表現でもあり、「表象＝再生」こそ類型的表現をゆるがして、個性を佇立させる可能性を秘めていることを主張している。

　加えて、佐藤は、表現者についての学びの価値を表現の過程における主体の経験それ自体にあることを指摘している。それによると、学びの価値は、実体化された自己の実現にあるものでもなければ、結果として表現される作品の発表や出来映えにあるものでもない。その価値は、表現の過程における主体の経験それ自体にあるのであり、表現といういとなみなしには析出されない一人一人の個性的存在の奇跡に求められるべきであると論じている。つまり、子どもたち一人一人がまさに表現している、個性的存在の経験の重要性を強調しているのである。さらに、筆者は、同時に、自己を表出したとき（自己実現）に感じる達成感も同様に重要であると考える。なぜならば、一連の表現活動を授業としてとらえる場合、それが学習意欲の向上に果たす役割が大きいと考えられるからである。

(2)「色」と「形」による表現の意義
　イメージのある一面を表現するということは、一つの映像的な表象として創造することであり、これは、視聴覚的操作によって可能にすると考えられる。藤田輝夫によれば、今日における視聴覚的表象は、その本質においてどのような発達段階にある人にとっても、教示しようとする知的性格を変えることなく効果的に教えることができる３つの表象系があると述べている。それが以下の３点である。

①過去の経験や事実についての運動的反応による動作的（Enactive）な表象
②人間が感覚によって知覚する時間、空間的な諸事実が記憶によって貯蔵され、ある確かな性質と内容をともないつつ選択され再構成されるイメージ

（Image）としての映像的（Iconic）な表象

③表出される記号もしくはシンボルが情報源であるものとの関係が直接的で
はないが故にもっとも分類が任意で、しかも綿密に表出できる記号的
（Symbolic）な表象

　これらの表象は、それぞれの機能を発揮することができるので、すべての
子どもたちは、各自の個性的な「行為」「イメージ」「言語」という経験的事
実に対応させながら、必要とする情報の処理過程を経て、学習を深化・拡大
させていくことができると考えられる。したがって、人が成長し発展してい
くために必要とする学習は、上記の３つの表象系を自由に駆使できるように
する自己表現の過程であるといえる。

　さらに、藤田は「コメニウスにとっても、表象というのはよりよく教える
ために欠かせない造出作用であり、ある人が知っている内容を速やかに、愉
快に徹底的に他人に学ばせる機能である」と説明している。コメニウスが表
象に着眼し、学習効果を高めたことによって『大教授学』を著した事実を強
調しているのである。しかし、この直感経験による事物の感覚的観念を記憶
の中にイメージ化し、再び映像化し、さらに象徴化していく心的過程を明確
に概念化するまでには、その後の長い年月による教授学上の認識的経緯の検
証があった。あわせて、視聴覚に関する生理学的な基礎研究及びメディアの
改良・開発が要請されることとなったのである。

　同様に、表象に目を向け、数・形・語に注目したのがペスタロッチである。
長尾十三二は、「ペスタロッチは、数・形・語が教授学の基礎手段であると
判断する」と述べ、その理由を、ある事物の外面的な属性が、結局、どんな
形をしているか、あるいはいくつあるかに絞られ、その事物の名前によって
記憶すると説明している。コメニウスにしてもペスタロッチにしても、表象
したも、つまり、視覚化されたものを起点として、学習効果を向上させるた
めの手段として活用している。

　筆者がイメージを表象する要素として「色」と「形」に着眼したのは、生

徒が容易に描く丸文字や花文字、そしてイラストからである。筆者から見れば、奇妙な文字やイラストであるが、生徒同士はそれを手段として相手と十分にコミュニケーションをとることができるのである。

　「色」は、実に様々な要素と可能性を含んでいる。ゲーテは、日常の経験から主として我々の内部におこる感覚の問題として色彩を論じようとした。また、デボラ・T・シャープは「色彩に対する反応は人の理性よりも、感情によって規定されているものである」と色彩と感情の関係を指摘している。さらに、千々岩英彰は、色彩が人間に及ぼす効果として、知覚と感情を取り上げている。このように、「色」は、知覚はもちろんのこと感情的な要素を強くもつものである。したがって、私たちが赤色から火事や血などを思い浮かべることはよくあることである。この現象を西川好夫は「色彩から高い連想価（assosiative values」をもち、ある観念を示唆する力をもっているからにほかならない」と論じている。筆者が授業において「色」に注目したことは、学習者の知覚と感情を映し出し、そこからある観念をとらえることができるのではないかと考えたからである。

　「形」については、ゲシュタルト心理学が有名である。これは、ドイツにおいて1912年頃、ウエルトハイマー・コフカ・ケーラーによって展開され、主として神経過程の体制化を取り扱う学問である。シャープによれば「ゲシュタルト心理学によると、経験は刺激が形づくる様式に依存しかつ経験の体制化に依存するとされる」との述べ、図と地の現象はその主要な原理であると主張している。つまり、我々の経験はそのときの精神的な体制に依存しており、経験は図や地として関連づけられていることを指摘しているのである。

　また、上利博規は「形の力は、我々の意識というよりも、むしろ、感性や身体に直接訴えかけてくる」と述べている。これは、例えば、文化的な形には社会的な意味が刻印されていることを示している。つまり、客観的な力のもとで自らの経験を作り上げることは、その中に含まれている社会的な意味を受け入れることでもあるといえる。

　さらに、上利は「言葉による抽象的媒介によって成立する概念的思考と比べて、形象的思考は、より無意識のうちに具体的なものやイメージと結びついている」と、文化の中でつくられた形の魅力は、それを引き起こすイメージと切り離すことができないことを指摘している。これは、意味から離れた言葉やロールシャッハテスト、箱庭療法などが、言語や意識が必要とするカテゴライズを必要とはせず、むしろ自由な想像力と関係していることと同様なのである。例えば、形は確かに三角形や円の間を自由に変化することができるし、言葉はそのような個々の形に追いつくことはできないのである。このように、「形」は、その中に意味を含み、具体的な者やイメージと自由に結びつくことができる。したがって、筆者がイメージを表象することにおいて「形」を取り上げたことは、形象的思考は無意識のうちに具体的なものやイメージと結びついているので、子どもたちの思考を促進する重要な要素と考えたからである。

　ところで、私たちの視覚世界の基礎となっているのは、形であって色は形に附属するものであるとか、色はただ目を楽しませてくれるものであるなどのどちらが優勢かの議論もある。このことに関して、千々岩は「色と形は不可分の関係にあるから、どちらかが視覚の中心を占めているかわ議論するのはあまり利口とはいえない」と、色と形が不可分の関係にあることを認めている。以上のことから、色と形が子どもの精神発達を評価する場合の有効性があることがわかる。さらに、このことを、シャープは、色・形よりわけ検査法が頻繁に使われてきたことをもとに説明している。それによると、色反応から形反応への移行は、厳密で融通のきかない仕方でおこるのではなく、子どもの発達のどの時点をとってみても、一方が他方より二倍も好まれるということがおこるのが普通であると述べている。また、同時に、ある子どもがある年齢期に著しく形反応をするようになっても、どの子どもも同じ年齢期に形反応を強めるわけではないと主張している。加えて、シャープは、色反応優位から形反応優位へ移行する平均年齢は5歳であり、通常9歳までに

形反応が優位になることや、概念形成の発達程度を示す様々な色・形反応段階があることを指摘している。このように、「色」と「形」は、子どもの概念形成の発達と相関関係があり、子どもは様々な色・形反応段階を経験していくことがわかる。

　以上のような「色」と「形」に注目した研究において、児童画から心理学的なアプローチを試みた長谷川望は、「色」と「形」の意味から、子どもの性格や健康状態を考察している。また、伊藤博は、「自己探求と自己表現」を高める方法として、「図や絵による自己表現」(Symbolical Self Expression)を主張している。その具体的な方法は、画用紙を3枚用意して、「過去の自分」「現在の自分」「将来の自分」を図や絵によって、あるいは色や形によって自由に表現してみるのである。それによると、はじめはちょっと戸惑ってしまう人も多いが、たいていの人は2～3分で描き楽しかったと言って顔をほころばせたという。伊藤は、この活動を通して、自分を振り返ってみることや自分をあらわしている目的が達成されたことを強調している。その他にも、「色」と「形」を基盤とした研究は、岩井寛が実践している「描画による心の診断」などの描画療法や香川勇たちのグループが取り組んできた「色彩とフォルム」、さらには、コラージュ療法など、様々な研究がなされてきた。

　上述してきたように、「色」と「形」によって表現することは、知覚や感覚に及ぼす影響が大きく、言葉による抽象的媒介によって成立する概念的思考と比べて、より無意識のうちに具体的なものやイメージと結びついている思考を促進する傾向があるといえる。したがって、「色」と「形」は切り離して考えることができず、発達段階からみても両者が同時に活用されることが望ましい。よって、これらの「色」と「形」の特性を生かして、イメージによってつくり出されたある一面をシンボル化して表現する方略は、子どもの思考指導の改善を試みる上で重要な役割を果たすと考えられる。

（3）授業における「色」と「形」による表現方法

　C.G. ユングは、「人はそのイメージを、自分の中にある圧倒的な力の表現として、関係づけることができるのである」と主張している。このことからも、イメージによって表現された内容には、表現者の内的な心理も加わり自己を表出するので、より一層学習への自発的な問題解決が促進されると考えられる。よって、筆者がこれまでの「色」と「形」による実践は、自己の抱くイメージによってつくられたある一面をシンボル化することを通して、効果的に子どもの思いや願いを引き出すことができる方略であるとちらえることができる。つまり、新たな思考指導の方略として、イメージの所産を「色」と「形」によってシンボル化したものを、視聴覚教材と同様に位置づけることによって、授業を構成したのである。

　現在の視聴覚教育について、櫛田盤は、教育は知性による成長変容を目指すコミュニケーション活動でもあることを指摘し、次のように述べている。

　「教育の実践を理念化する教育方法の現代的課題に向かうには、コミュニケーションの方法・技術の検討が求められている。『学習と指導』teaching-learning の相互作用をコミュニケーションの行為とみれば、Unterricht（知識・技術の伝達・教授）と Erziehung（人間の可能性の伸長・育成）の統合への道として捉え直すことができよう。視聴覚教育の基本もまた、この方法原理に立脚している」

①送り手　Communicator	と	②受け手　Communicatee
③目的・ねらい　Intention	と	④効果　Effect
⑤意味・内容　Messege	と	⑥自発性・興味 Interest
⑦媒体　Media、個の媒体を中央に、左右が対称で交流する		

　そして、櫛田は図1のように、視聴覚的コミュニケーションの構造を7つの要素から成立すると主張している。

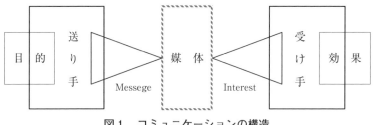

図1　コミュニケーションの構造

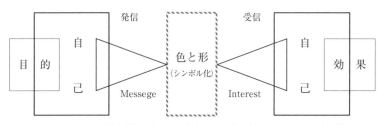

図2　イメージを基盤とした「色」と「形」によるシンボル化

　そこで、櫛田が示した図1をもとに、筆者が主張しているイメージを基盤とした「色」と「形」によるシンボル化による方略を位置づけると、図1の「媒体」に当たるところがシンボル化して表現したものとなる。また、表現した自分自身が図1の「送り手」でもあり「受け手」でもあるので、下記の図2のよう示すことができる。

　J.デューイの言葉を借りていえば、subuject mattera は本来、「中心主題の事柄」と定めることができる。それは意識の中にあってまだ言語を伴っておらず、コミュニケーションの激しい欲求を発動するものなのである。subuject mattera を教材の本質とみれば、心象やシンボルなどをメディアとして、それで組み立てられたメッセージが生まれる。それが、自己の心的過程の中で醸成されたイメージの一面として、「色」と「形」でシンボル化されたことになる。つまり、イメージのある一面を「色」と「形」でシンボル化し、再び表現することによって、自己の認識が明確になっていくのではな

いだろうか。

　このように、視聴覚的経験と裏付けされた学習は、自ら考える活動を経て、豊かな概念化に至る。これは、言葉だけの単純な知識の教授・記憶と区別される。感覚的経験が言語で意識的に整理されて概念となったときに学習は深まる。波多野完治は、これを「感性的認識は言葉をともなって理性的認識へと進まねばならない」と指摘している。

　ここで、メディアとしての「絵」を例にして考えていきたい。「絵」は、絵画文字、象形文字といわれるような表意文字として、文字そのものの歴史の中で、文字発明の大きな契機になったことは歴史が明らかにしてきたとおりである。それは、また、文字の発明以前から人々が「絵」をコミュニケーションの道具としてきたことも明白である。

　メディア教育の観点から、後藤和彦は、メディアとしての「絵」の役割について、次のように説明している。

　「『絵』は、文字発明語も人々のコミュニケーションを各方面にわたって支えつづけ、重要な役割を担ってきているのである。つまり、メディアとしての絵は、端的に言えば、ものや意志をイメージ的に伝える手立てであり、したがって、言葉や文字の世界に対する人々の想像力を形象や色彩で補い、それをイメージ化したり、さらにそのイメージを具体化したり広げたりすることにある。そして、その役割は究極的に人々の　『体験』をより豊かなものにしてきたことにあると言えよう」

　ここで述べられている「絵」を「色」と「形」によってシンボル化したものと置き換えると、言葉や文字に対して想像力を形象や色彩で補い、イメージ化したりイメージを具体化するなど、体験をより豊かにするものととらえることができる。そこで、筆者が主張しているイメージを「色」と「形」によってシンボル化し表現することで、「話し手」あるいは学習者（発信者）と「聞き手」（受信者）との間にどのような関係が生じるかを示したのが図3である。

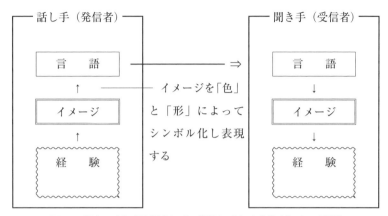

図3 「話し手」（発信者）と「聞き手」（受信者）との関係

　このように、話し手自身でもある学習者がイメージを「色」と「形」によってシンボル化し、表現することで自己の認識が確認され言語化を容易にする。そして、言語化された内容は聞く人に伝えやすく、聞き手も自己のイメージを通して経験へと至ることになる。

　したがって、自己のイメージを「色」と「形」によってシンボル化し表現することは、視聴覚教材同様に学習意欲を向上させ、思考力を育むことにつながる。さらに、授業においても他者とのコミュニケーションを容易にする方略であるといえる。

【引用・参考文献】

　打越正貴「生徒の思考指導に関する実践的研究－イメージを『色』と『形』で表現する方略を用いた授業改善を通して－」茨城大学大学院教育学研究科修士論文、1999年。

　吉本均『教授学　重要語300の基礎知識』明治図書、1996年。

　久坂三郎「イメージ論の整理と断章」『歴史地理教育』地理歴史協議会、1965年。

　多田俊文『授業におけるイメージと言語』明治図書、1986年。

　佐伯胖『考えることの教育』国土社、1991年。

宇佐美寛『教授方法論批判』明治図書、1978年。

宇佐美寛『教育において「思考」とは何か―思考指導の哲学的分析』明治図書、1987年。

塩見邦雄『視聴覚教育の理論と方法』ナカニシア出版、1996年。

佐伯胖『イメージ化による知識と学習』東洋出版、1983年。

C.G.ユング著、河合隼雄監訳『人間と象徴（下）』河出書房新社、1982年。

バーライン著、橋本七重・杉本洋子訳『思考の構造と方向』明治図書、1970年。

佐伯胖・藤田英典・佐藤学『表現者として育つ』東京大学出版、1995年。

藤田輝夫『コメニウスの教育思想―迷宮から楽園へ』法律文化社、1992年。

長尾十三二『ペスタロッチ「レルトルート」入門』明治図書、1975年。

滝本孝雄・藤沢英昭『入門色彩心理学』大日本図書、1996年。

デボラ・Ｔ・シャープ著、千々岩英彰・斉藤美穂訳『色彩の力』福村出版、1997年。

千々岩英彰『色彩学』福村出版、1997年。

西川好夫『心・色彩の心理』法政大学出版、1995年。

上利博規『「かたち」実存思想論集ＸＩ』理想社、1996年。

香川勇・長谷川望『色と形の意味』初芝文庫、1965年

伊藤博『ニューカウンセリング「からだ」にとどく新しいタイプのカウンセリング』誠信書房、1995年。

岩井寛『描画による心の診断―子供の正常と異常を見るために―』日本文化科学社、1992年。

香川勇・長谷川望『色彩とフォルム―児童画の深層へ―』黎明書房、1990年。

櫛田盤・土橋美歩『新版・視聴覚教育』学芸図書、1988年。

J.デューイ著、帆足理一郎訳『民主主義と教育―教育哲学概論―』春秋社、1952年。

波多野完治『心理学と教育』牧書店、1956年。

後藤和彦・坂本昂・高桑康雄・平沢茂「メディア教育のすすめ」『メディアを読む』ぎょうせい、1987年。

第Ⅱ部

思考指導を生かした授業実践

第6章 思考方略を活用した授業実践
（中学校）

　本章では、第5章で述べた子どもが抱くイメージに着目し、「色」と「形」で表現する方略の実践を取り上げる。「色」と「形」による表現活動が思考方略として効果的に機能した事例として、道徳、特別活動、社会科の3つの授業を紹介する。なお、本授業は、筆者がA町立A中学校において、1996年に中学校1年生と3年生を対象に実践した内容である。

1　「色」と「形」を活用した道徳の授業実践

　道徳の時間の授業は、1時間で実施する学習内容なので、授業の導入段階と終末段階に生徒の心情の変化を「色」と「形」で表現させた。本授業は、中学校3年4組の38人の生徒を対象にした実践である。生徒が「色」と「形」に表現したものを比較・検討することで、思考力を育成するとともに、本時の主題に迫ることを目的とした授業である。さらに、授業における生徒の反応をいわゆる学力の上位・中位・下位の生徒を抽出して、考察を加えた。

（1）授業計画

①主題名　4−(7)郷土を愛する心

②題材設定の理由

ア　ねらいとする価値

　内容項目4−(7)は、「地域社会の一員としての自覚を持ち、社会に尽くした先人や高齢者に尊敬と感謝の念を深め、郷土の発展に尽くすようにする」ことをねらいとしている。

物質的な豊かさにともない、めまぐるしく移り変わる流行に流され、自分の周囲を改めて見直す機会を失いがちなのが現実の生徒と自身の生活である。また、都市や農産もその変容は著しいものがあり、郷土意識が薄れていく傾向にあるのも現在の世相である。特に、中学生の時期は、自我の確立期で自己主張が強く、ともすれば、自分が自分だけで存在していると考えがちで、周囲に対する存在について目を向ける余裕がない。

　人間はだれでも自分が生を受けて育った地域・郷土は生涯にわたって忘れ得ぬものがあり、郷土の発展を願わない者はいない。高齢化社会が進展する今日、郷土の老人を自分と対比して、今日を気づいた身近の人と考え、尊敬と感謝の念を忘れないようにしたい。また、卒業後の進路選択が迫られている現在、郷土を見直すことで自己の生き方も見つめさせたいと考えた。

　そこで、この機会に自分の住む地域・郷土について、今日があるのも郷土の先人や高齢者のおかげであることを理解し、自分も郷土を支えなければならない一員であることを自覚させたい。

イ　生徒の実態（第3学年4組：男子19人・女子19人・計38人）

　校内合唱コンクールでは、昼休みや放課後に何度も話し合いがもたれるなど、生徒の自主的な練習を通して、感動的な演奏をすることができた。それには、日頃から男女とも仲が良く、活発に意見交換することができる学級の雰囲気が基盤となっていると思われる。また、清掃活動や係活動など、自分の役割を最後まで責任をもって取り組む態度も多く見かけられた。

　しかし、その一方、進路選択の時期に直面して、目先のことに心を奪われてしまい、周囲を見回す余裕がないのも事実である。ややもすると、自我意識の強さから家族や高齢者など、様々な人たちのかかわりによって自分が生かされているという現実認識が希薄になりがちである。そこで、現在の生活が過去の先達の苦労によって支えられているという自覚を促すと共に、高齢者をいたわるだけでなく、社会に尽くし自己の人生を大切にして生きてきたことへの尊敬と感謝の念も育てたい。

ウ　資料（資料名「百万石の実り」文教社）

　資料の主人公である中山九蔵は、仙台藩の武士であったが、明治3年北海道干拓のため松島の地に移住した。全くの原生林の中を毎日必死になって働いた。しかし、思うような干拓はできず、その苦しさに耐えかね何度も仙台にかえる決意をしたが、「故郷はここ松島」と心に決めて頑張った。やがて、アワ・ヒエ・ソバなどを収穫するまでになった。反面、コメが食べたいという思いは、常に久蔵の頭から離れることはなかった。時がたち、南部渡島の友人から稲の種もみを分けてもらい水田耕作をすることになった。ここから、久蔵の血のにじむような努力がはじまった。

　風呂の残り湯を田んぼに入れたり、太陽熱の利用を思いついたりと、筆舌に尽くせぬ努力を繰り返した。そして、わずかながら、コメがとれるようになったのである。百万石の米作りを目指し、周囲に馬鹿扱いされた久蔵であったが、大正9年（久蔵の死の翌年）には、北海道の米の生産量は百万石を突破したのである。資料から、生徒には、久蔵の強い意志が北海道に百万石を実らせたことに共感させると共に、その苦労と努力について感謝と尊敬の念をもたせたい。

③指導過程

事前指導	道徳の時間（本時）	事後指導
・日常生活の観察によって実態を把握する。 ・学級活動の中で地域社会について話し合う。	・郷土を愛する心 ・強い意志（関連事項）	・郷土の功労者コーナを作成する。 ・各自の考えを表現した画用紙を掲示する。

④本時の授業

ア　ねらい

　先人や高齢者の偉業について理解するとともに、その成果と文化の恩恵を現在も教授していることを認識し、その苦労に感謝し尊敬の念を深める。

イ　準備・資料

地図（北海道全図）、短冊、学習プリント、画用紙（生徒一人2枚）、熊笹、カセットテープ、色鉛筆

ウ　展開

主な学習活動と発問	予想される生徒の反応	教師の働きかけ※評価
1　郷土の発展に貢献した人物について話し合う。	・奥村吉兵衛―佃煮　奥村源蔵 ・三好拓磨―行方干拓	・A町の発展にどのような貢献をしたか話し合い、本時の動機付けとする。
2　読み物資料「百万石の実り」を読み、あらすじを確認する。 ○資料を読んで自分がイメージしたことを色と形で表現してみよう。 3　中山久蔵が北海道に渡ったことについて話し合う。	・中山九蔵（仙台藩武士） ・北海道干拓を志す ・原生林と干拓 ・米作りへの願い ・失敗、失望、あっせり ・百万石の米作り	・久蔵の非常な苦労の結果米作りに成功するが、その強い意志に共感させるだけでなく、協力者の存在に気づかせるように範読する。 ・資料を読んだイメージを画用紙に色と形で自由に表現する。 ・北海道は地理的な条件だけでなく、歴史的にも米文化がなかったことを知らせる。 ・米に対する久蔵のこだわりをとらえさせたい。
○寒い土地で米作りを決心した久蔵をどう思うか。	・米がとれないと言われていたのに挑戦してすごい。 ・穀物がとれたからやればできる。 ・米が食べたかった。	
○思うように成長しない苗を見て、久蔵はどん	・もうだめだ、やっぱり北海道ではつくれない。	・失望と腹立たしさが久蔵を襲ったが、どうして

な気持ちだったのだろうか。	・だめだけど、米作りをあきらめられない。	も苗代を壊せなかった久蔵の心情に迫らせたい。
	・なんとしても北海道で米を作るんだ。	
◎久蔵の夢（百万石の実り）が実現したとき、住民たちはどのように思ったか。	・久蔵の米作りの挑戦に感謝した。	・「明治の初め…」の久蔵の言葉を押さえ、百万石の夢が今日の北海道の米作りを実現させ、人々の生活を支えていることに気づくようにする。
	・北海道でも米作りができるようになり、久蔵を尊敬した。	
	・祝賀会を開き、久蔵の業績を讃えた。	
○今の心に抱いたイメージを色と形で表現しよう。		・話し合いを終え、現在のイメージを色と形で表現するようにする。
4　最初の色と形による表現と今の表現を比較し、その変化を発表する。		※最初の表現と後の表現を比較し、その変化の理由を発表させる。
5　教師の説話を聞く。		※イメージを色と形によって表現することで、本時のねらいを明確にすることができたか。（発表・作品）

（2）生徒の反応と考察

　いわゆる学力の上位生徒Hは、最初草原に壺を置き、その壺から黄色の光が吹き出している絵を描いた。「頑張っているところをイメージした」と述べていることからこの光は希望の光ではないかと考えられる。最後の表現では、北海道の地図の中から、みごとに実った稲を象徴的に描き、全体の色を黄色で覆っている。Hによれば、色がはみ出しているのは、無制限のエネルギーを表現していると述べている。久蔵の努力から人間の可能性を表現したのではないだろうか。

　いわゆる学力の中位生徒Aは、黄緑から緑に変化する模様を草原にたとえ、

その中央を上下に流れる水色から黄色に変わる川で、久蔵の気持ちの変化を表現している。また、Aが「緑色のところは、開拓されたところ」と述べている。このことから、手前の周囲が緑色で表されており、その中を広がっていく黄色い川は、現在の開発された北海道の様子を表現していると考えられる。また、青色で川幅が狭まる上の方へ行くにしたがって、未開の部分があることを表現した。最後の色と形による表現では、左右の曲線が交わるハートのような紫の選で、内部にある黄色の炎を中心に、わずかに赤色、緑色の炎を囲んでいる。左側の曲線は、波打っており久蔵が米作りをやめてしまった可能性を描き、右の曲線は米作りを成功させたことを表している。さらに、Aは、内部の炎は頑張ればやり遂げることができることを表現していると説明している。これらのことから、最後の表現は久蔵の心を表したものであり、A自身の現在の願いが表出しているのではないかと考えられる。

　いわゆる学力の下位生徒Sは、「田」という漢字を緑色で丸く描き、その上に大きく重ねて「米」という漢字を橙色で太く書いている。Sは、小さな田んぼからたくさんの米がとれるようになったことを表したかったと述べている。しかし、最後の色と形による表現は、最初の表現と比べ大きく変化している。水色の雲状の小さな円（内部に少し黒い線がある）と、内部が薄い赤色で黄色の枠のある大きな円とが少し重なり合っている状態が表現されていた。Sによると、水色の雲状の円は、久蔵の気持ちであり、その中の水色は希望の色である。また、黒色がわずかにあるのは久蔵の不安を示しており、さらに、黄色い円は周囲の人々の喜びを表現したものであると説明している。このような表現から、Sは久蔵の努力によって、周囲の人々の気持ちが変化していくことを強く表現したかったのではないかと考えられる。

2　「色」と「形」を活用した特別活動の授業実践

　特別活動では、学級活動の時間おいて、将来の生き方について考える授業

の中で「色」と「形」を活用した授業を実践した。本授業は、中学校3年
4組の38人を対象とした2時間扱いの実践である。事前に1時間の学級活動
の時間を設定し、生徒に自分の進路に対しての「今」の考え（思いや願い）
をイメージさせ、「色」と「形」で表現させた。本時の授業では、高校1年
生のM君の手記をもとに話し合い活動を展開し、その後、再び自分の進路に
関してのイメージを「色」と「形」で表現させた。授業事前の表現と比較・
検討をさせることで、思考力を育成し、生徒一人一人の進路の吟味と自己の
在り方を素直に見つめさせた。さらに、本実践では、生徒の反応をいわゆる
学力の上位・中位・下位の生徒を抽出して、考察を加えた。

（1）授業計画
①題材　「進路選択はだれのため」
　活動内容　（3）将来の生き方と進路の適切な選択に関すること
　　　　　　　（ア）進路適性の吟味
②主題設定の理由
　本学級の生徒は、全員が高等学校へ進学することを希望している。中学校
1年生の時は、学級活動において「自己を知る」を題材として、2年生では
職場体験活動を実施してきた。3年生になってからは、高等学校体験学習を
経験し、進路選択の吟味能力の育成に努めてきた。しかし、生徒に進路選択
の理由を問うと、曖昧で自己の特性や将来の生き方を見通して、自分の考え
で進路を選択しているとは言い難い状況であった。どちらかというと、「高
等学校へ進学するのが当たり前」という社会的風潮に流されている傾向が強
い。

　そこで、生徒一人一人が自分自身の理解を深め、より自己の個性を知るた
めに3年生のこの時期（10月）に現実適応と自己実現のすりあわせをする必
要があると考えた。また、全国の高等学校退学者が1万人を突破して久しく、
今日大きな社会問題となっている。退学の動機は様々であろうが、生徒が現

実の高等学校の生活に適応できなかったことを示すショッキングな事実である。これは、退学者の多くが理想の高等学校の生活と現実とのギャップに悩み、その結果下した自己決定だったのではないだろうか。つまり、彼らは進路を選択するに当たり、自己の適性及び進路先の情報の理解、将来の生き方について、現実の自己吟味が不十分であったと考えられる。そこで、生徒がこの時期において再び今の自分を見つめ直すことが、適正な進路決定につながると考え、本題材を設定した。

③指導のねらい

　現在の自分自身を素直に見つめ、進路の選択に必要な自己の適性及び進路先の情報をもとに、将来の生き方に役に立つかどうかを吟味することによって、自発的に自己の進路を決定する。

④指導過程

		活　動　内　容		教　師　の　支　援
事前	10月18日	自分の進路に対して、現在思い抱いているイメージを、「色」と「形」で表現し、その理由を発表する。	学級活動	今心に抱いている自分自身の考えを、画用紙に自由に表現するように働きかける。
本時	10月25日	「高1・M君の私記」をもとに話し合い、自分の進路に関しての考えを「色」と「形」で表現し、前回との変化を考える。	学級活動	現役の高等学校1年生の私記を通して、自分自身の進路に対して素直に見つめられるように支援する。
事後	随時	個別の進路相談を開始する。	放課後	学業指導以外にも様々な相談をすることができることを知らせる。

⑤本時の指導と生徒の活動

ア　本時のねらい

　現役高校生の私記をもとにした進路に関する話し合いを通して、自分の考

えをイメージし「色」と「形」に表現し、前時の表現と比較することで、真剣に自己を見つめ「進路適性の吟味」をすることができる。

イ　準備・資料

「高1・M君の私記」、短冊、色鉛筆、画用紙

ウ　展開

	活　動　の　内　容	指　導　上　の　留　意　点	資　料
活動の始	1　本時の学習内容をつかむ。 　　　進路選択は誰のため	・前時の授業で作成した作品（進路に関してのイメージを「色」と「形」で表現）から、生徒が様々な思いや願いを抱いていることを確認する。	・短冊1
活動の展開	2　「高1・M君の私記」を読んで話し合う。 (1) M君はなぜこの高校を選んだのか考える。 (2) M君が今悩んでいるのはなぜか、その理由を考える。 (3) それでは、何のためにM君は高校へ進学したのかワークシートに考えを書く。 3　自分の進路に関しての考えをイメージし、「色」と「形」で表現する。 (1) 進路に関するイメージを画用紙に「色」と「形」で表現する。 (2) 前時に「色」と「形」で表現したものと比較し、検討内容を述べる。 4　一年後の自分を創造しな	・現役高校1年生M君の私記「高校生活について」を読み、その悩みや不安がどこから（何が誘因で）生まれたのか考えさせる。 ・現実の高校生活を目の当たりにして、安易な気持ちで（十分に納得せず）進路を選択してしまったM君を通して自己を見つめさせる。 ・今の進路に関する自分の考えをイメージし「色」と「形」を活用して自由に表現させる。 ・前時に「色」と「形」で表現したものと比較・検討することで、自己の進路選択を再吟味させる。 ・来年の自分の姿を見据えながら進路に対する考えを発表するとともに、友人の考えを	・M君の私記「高校生活について」 ・短冊2 ・ワークシート ・画用紙　前時の「色」と「形」による表現

	がら、進路に対する認識を発表する。	聞くことで自己理解の深化を図る。	
まとめ	5　教師の話を聞く。	・今後の活動への取組に対して、生徒一人一人に希望がもてるようにする。	

⑥事後の指導と生徒の活動

・学業指導を中心とした個別の進路相談を継続的に実施する。

・進路情報に関する資料を適時に提供し、自発的に調べられれる学級環境の構成を図る。

・進路適性の吟味に不安な生徒に対し、「充実した高校生活を過ごしている」卒業生の作文やメッセージを提示し、進路選択の参考資料とする。

・学級通信や進路情報通信を通して、保護者の理解を深め生徒一人一人が納得した上で、適正な進路を選択できるように支援する。

⑦評価

・進路に対する自分の「今」の考えをイメージし、画用紙を活用して「色」と「形」によって表現することができたか。(画用紙の作品)

・前時に「色」と「形」によって表現された作品と、本時で表現した作品とを比較・検討することで、進路の適正な吟味を深めることができたか。(発表・ワークシート)

(2)　生徒の反応と考察

　いわゆる学力の上位生徒Oは、最初の表現を複雑な形で示し、「どんなことが待ち受けているかわからない」と述べ、その不安な心情を表現している。卒業後の進路を2つの道で示し、進学と希望する職業を分けて表現している。O自身もまだ白紙の段階と述べているが、進路と就職が分離していることから、現在の教育状況を暗示しているようにも考えられる。最後の表現では、授業において資料で活用したMを「今も自分に似ている」と述べ、白い時計

を描き進路に対して再考することを強調している。現実の高校のレベルとやりたいことのギャップを真剣に考えている様子が伝わってくる。また、受験まで時間がないことを時計で示すなど、進路決定を現実的なイメージでとらえていることがわかる。

　いわゆる学力の中位生徒Mも複雑な形の表現で最初のイメージを表している。くぼんだり突き出したりしている凸凹は、どうやら進路に対してのプラス面とマイナス面を示しているようである。「深くよけいに考えてしまっている部分に青と黒で影をつくったのは、今は足りていると思っていても、物事の考えには辛いことや苦しいことが影となってひそんでいる」と、目標を達成するために存在する様々な障害を言葉では表現できない「色」と「形」で表現している。最後の表現では、様々な色を階段状に積み上げ、その頂上に太い矢印を描き、自分の方向性がはっきりしていることを示している。一部階段状に切り込まれた空間は、一抹の不安を暗示しているようである。

　いわゆる学力の下位生徒Ⅰは、画用紙を目の形に加工し、瞳の中に赤いハートと黄色の星のマークを描いている。Ⅰは現実と向き合っている今の姿を強調したかったと述べている。進路選択に一生懸命に取り組んでいるⅠの真剣な姿が感じられる。不安をハートで、期待を星で表現しその両方を紐で結んでいるのは、Ⅰが抱いている期待と不安の表裏一体の関係を示しているものと考えられる。最後の表現では、手のひらの中に高等学校を描くことで、積極的に進路に関して考えていこうとする肯定的な意欲が表出されていた。

　このように、生徒一人一人が進路のイメージを「色」と「形」で表現したものは、言語では表現することが難しいものもその生徒なりに表すことができている。また、自分自身が表現した内容をもとに言語化して説明するため、学習成績の上下にかかわらず、自分の言葉で説明することが容易になったのではないかと考えられる。

3 「色」と「形」を活用した社会科の授業実践

　本授業は、中学校1年4組（37人）の社会科（歴史的分野）の授業において、安土桃山時代の学習単元を中心に12時間の内容で構成した。特に、本授業では、単元の導入段階と週末段階において「色」と「形」を活用した学習活動を実践し、その変化について各生徒に考えさせることで、歴史認識の深化を目指した実践である。さらに、本実践では、生徒Fを抽出して、考察を加えた。なお、本項では、本時の学習として、生徒の抱くイメージを「色」と「形」で表現した単元の導入段階と終末段階の展開を表記する。

（1）授業計画
①単元　「世界の動きと天下の統一」
②目標

観　　点	目　　標（評価規準）
①関心・意欲・態度	・中世から近世のヨーロッパの動きと文化についての伝来について調べようとする。 ・安土桃山時代のイメージを「色」と「形」で表現することにより、自らの問題意識をもって調べようとする。
②社会的思考・判断	・鉄砲やキリスト教などのヨーロッパ文化が、戦国時代の日本に与えた影響について考えることができる。 ・問題を解決するために調べ活動を通して、安土桃山時代のイメージを「色」と「形」に表現し、自己の時代認識をもつことができる。
③資料活用・技能・表現	・ヨーロッパ人の海外進出について、地図や資料を活用して調べることができる。 ・安土桃山時代の特色を「色」と「形」で表現することができる。
④知識・理解	・ヨーロッパ人が渡来した背景、及び西洋文化の伝来と影響について理解することができる。

> ・安土桃山時代を形成する特色とその背景を理解することが
> できる。

③教材観

　本単元は、日本史上において群雄割拠の時代から、天下統一という一大転換期にあたる時代である。信長・秀吉の台頭に伴い急速に封建国家としての基盤が形成されるとともに、一方では絢爛豪華な桃山文化が開花した。その背景には、新興の大名や大商人の活躍が著しく、生徒は国内統一に向かいダイナミックに展開されていく歴史的事実に、大いに興味・関心を抱く内容である。また、十字軍の遠征は、東西の文化を交流させ、人間らしさをありのままに表現するルネサンスを育んだ。ルネサンスの思想は、日本へも鉄砲やキリスト教をもたらし、国内の統一を促進する上で多大な影響を与えるに至った。

④生徒の実態（男19人・女18人・計37人）

　本学級は、明るく活発な生徒が多く、意欲的な態度で授業に臨んでいる。特に、男子は社会科に対する興味・関心が高く、調べ活動を好み積極的に問題解決する生徒が多い。そこで、下記のアンケートを実施した。

　・安土桃山時代と聞いて何を連想しますか。（複数回答）
　・安土桃山時代の色は何色に感じますか。またそれはどうしてですか。

　アンケートの結果から、安土桃山時代の印象は戦国時代と同じように「戦い」をイメージする生徒が多かった。これは、信長や秀吉が天下統一を進めるにあたって、多くの戦いがあったことを小学校で学習してきたからであろう。また、天下統一を果たした秀吉よりも信長の印象が強いことも、劣勢を跳ね返した「桶狭間の戦い」や三千丁あまりの鉄砲をそろえた「長篠の戦い」を意識したからではないだろうか。このようなことから、色のイメージも「戦い」や「血」を意識した「赤色」が多い。さらに、「桃色」や「茶色」

に至っては、生徒は「安土桃山時代」の「桃」と「土」の文字（漢字）から単純にイメージしており、時代としての認識が不明確な生徒も多数見られた。しかし、中には、桃山文化に注目し、その絢爛で豪華なイメージを「赤色」や「金色」で示したり、農民や庶民の立場から生活の厳しさを「黒色」でとらえたり、信長の性格を時代の特色としてイメージした生徒もいた。その一方で、複数の色を示した生徒も多くいた。時代の背景や時代を動かした中心人物の内面にまで鋭く着目した生徒が見られた。これらのことから、生徒によって、興味や関心、基礎的な知識に著しい差があることが明らかとなった。

⑤指導観

　この時代は、西洋の大航海時代とも重なり、日本史上でもヨーロッパの影響を強く受けた時代の一つである。特に、鉄砲の伝来は、これまでの戦国時代から戦術を大きく変え、信長・秀吉による天下統一という事業を加速させた。この単元では、天下統一の授業を単に信長・秀吉を中心とした通史的取り扱いにするのではなく、安土桃山時代が世界の大きなうねりの中で、前半はヨーロッパ文化の強烈な影響のもとに形成され、やがて日本独自の文化へと発展していったことを事故の学習問題を追究しながら理解させたい。また、終末段階において、安土桃山時代を振り返ったときに、独自の歴史認識がもてるように思考力や判断力の育成をしていきたいと考える。前述した生徒の実態から、既習の知識に著しい差があり、安土桃山時代のイメージが大きく異なるので、生徒一人一人が現在抱いているイメージを大切にしながら学習を展開していきたいと考えた。具体的には、生徒に安土桃山時代のイメージを「色」と「形」の文字によって表現させ、それをもとに各自が学習問題を設定していく。生徒一人一人が自己のこだわりをもった学習問題を追究していくことで、歴史認識を深めていきたいと考えた。さらに、単元の終末段階で再度、生徒が抱いたイメージを「色」と「形」による表現活動を取り入れる。最初に抱いた安土桃山時代のイメージと比較・検討することで、生徒は自己の歴史認識を再確認し、思考力や判断力の育成につながると考える。

⑥授業計画（15時間扱い）

第１次　イスラムとヨーロッパの世界

第２次　大航海時代

第３次　天下の統一

時	学習内容	学　習　活　動	評　価　の　視　点
1	・単元の導入段階においての「色」と「形」の表現活動	安土桃山時代を「色」と「形」の文字で表現させ、それをもとに生徒一人一人が学習問題を設定する。	自己の抱いた安土桃山時代のイメージをもとに、意欲的に学習問題を設定することができたか。（①・②）
2 3 4	・調べ活動	各自が自己の学習問題に予想及び調べる学習計画をたて、調べ活動を実施する。	自己の学習問題を解決するため適切に資料を選択し、有効に活用することができたか。（③）
5 6	・学習カードづくり（学習内容のまとめ）	調べた内容をもとに、学習カードを整理し、自分の考えをまとめる。	学習問題に対して、調べた内容を整理するとともに、自分の考えを明らかにすることができたか。（②・③）
7	・学習カード展示会（深化・補充その１）	調べた分野ごとに学習カードを展示し、自己の興味・関心に応じて相互に他の学習問題の解決を図る。	他の学習問題に対して、意欲的に取り組み、自力で解決することができたか。（①・④）
8	・年表づくり（深化・補充その２）	人物や社会的な事象及び外国との関係など、調べたことを工夫して年表を作成し、相互に共有する。	年表の作成及び発表を通して、安土桃山時代の基礎的・基本的な学習内容を定着することができたか。（④）
9	・単元の終末段階における「色」と「形」の表現活動	再度、単元の最後に安土桃山時代のイメージを「色」と「形」の文字で表現し、自己の歴史認識の深化を図る。	安土桃山時代のイメージを「色」と「形」の文字で表現することで、本単元の学習を振り返り、自己の歴史認識をもつことができたか。（②）

⑦単元導入段階の「色」と「形」の表現活動を活用した指導（第1時）

ア　目標

　安土桃山時代のイメージを「色」と「形」の文字で表現することを通して、自己の学習問題を設定することができる。

イ　準備・資料

　短冊、画用紙、色鉛筆、学習プリント

ウ　展開

ね　ら　い	学　習　内　容・活　動	支援と評価の観点
○本時の学習内容を知り、課題をつかむ。	1　安土桃山時代について自己のイメージをふくらまし、相互に話し合う。 安土桃山時代は、どのような時代でしょう	・安土桃山時代のイメージを、前時までの学習内容や既習概念から想起させ、本時の導入とする。
○安土桃山時代のイメージを表現する。	2　安土桃山時代のイメージを表現し、その理由を考える。 (1) 安土桃山時代のイメージを想像する。 (2) 安土桃山時代のイメージを「色」と「形」の文字で表現する。 (3)「色」と「形」で表現した理由について考える。	・安土桃山時代のイメージを想像させ、「安土桃山」という言葉を「色」と「形」の文字で表現させる。 ※自分の抱いたイメージを「色」と「形」で表現することができたか。（画用紙） ・画用紙の裏に表現した理由を書くことで、各自の時代認識を深めたい。
○学習問題を設定し、解決の見通しをもつ。	3　安土桃山時代のイメージを表現した理由を考えることを通して、学習問題を設定し、その解決の見通しを考える。 (1) 自己の学習問題を設定する。	・自己の表現をもとに安土桃山時代の疑問を発見し、それをもとに学習問題を設定するように働きかける。 ※意欲的に学習問題を設定することができたか。

	（2）解を予想し、問題解決	（学習プリント・発表）
	の方法を考える。	・問題解決の見通しをもち、
		意欲的な活動にするために、
		学習問題の予想を促す。

⑧単元終末段階の「色」と「形」の表現活動を活用した指導（第9時）

ア　目標

　安土桃山時代のイメージを「色」と「形」の文字で表現することを通して、本単元の学習を振り返り、自己の歴史認識を深化させることができる。

イ　準備・資料

　短冊、画用紙、色鉛筆、学習プリント、自作年表、学習カード

ウ　展開

ね　ら　い	学　習　内　容・活　動	支援と評価の観点
○前時の発表カードをもとに話し合い、本時の課題をつかむ。	1　人物・社会的事象・外来文化等から、安土桃山時代について話し合う。 安土桃山時代は、どのような時代だったでしょう。	・人物・社会的事象・外来文化等を学習問題として取り上げた生徒の中から、代表的な内容を発表させることで、学習の意欲付けを図り、本時の導入とする。
○自作年表をもとに相互に発表することを通して、時代背景を確認する。	2　自作年表の工夫した内容を中心に、人物・社会的事象・外国との関係等を発表する。	・黒板に短冊を活用した簡易な年表を作成し、生徒の発表を通して完成させることで、時代背景の再確認をする。
○安土桃山時代について、自己の認識をより明確にする。	3　安土桃山時代のイメージを「色」と「形」の文字で表現し、前回の表現と比較・検討することで、変容の理由を考える。 （1）安土桃山時代のイメージを画用紙に「色」と	・現在抱いているイメージを率直に画用紙に表現するように働きかける。 ・前回の表現と比較・検討し、変容の理由を考えることで、生徒の思考力や判断力を深化させ、自己の明確な歴史認識

| | 「形」の文字で表現する。
(2) 前回の表現と比較・検討し、変容理由を考える。
(3) 自己の歴史認識について、グループで話し合う。 | をもたせたい。
・グループで自己の抱いている安土桃山時代の認識を話し合うことで、自己の抱いている歴史認識を深めたい。
※安土桃山時代の特色について認識を深めることができたか。（画用紙・発表） |
| ○自己のイメージと比較・検討することで、歴史認識の深化を図る。 | 4　表現した内容の変容理由を 発表する。 | ・他の生徒の変容理由を知ることで、自己の認識と比較し、さらに明確な歴史認識へと深化させたい。 |

(2) 生徒の反応と考察

　ここでは、いわゆる学力上位生徒Fを中心に考察する。

①単元導入段階における「色」と「形」の表現活動場面

　Fは、語句の羅列であった安土桃山時代のイメージを、「色」と「形」によって絵文字で表現した。ひらがなが多く読みづらいところもあったが、Fなりの問題意識が十分に表出していた。「あ」と「づ」の「゛」と「ち」の文字は赤色であった。「字が赤いのは血かな〜。」とFは記述している。この時代は戦に明け暮れていたことを、Fなりに漠然とながら認識したのであろう。このことは、「づ」の「つ」を鉄砲に描き、「鉄砲が伝わったから」とFは説明しているが、「づ」の「゛」を赤色にして、「血のつもり」と述べていることからも、戦いの印象が強いことを理解することができる。「桃」の「兆」の側に３人の人物（信長、秀吉、家康）の顔を描いていた。そして、信長を泣き顔で表現している。「天下統一できなかったんじゃなかったっけ？」と疑問符をつけ、「あ、ちがうか？」と否定的な考え方を強調している。Fの迷いが目に浮かぶ。これからの学習への問題意識が醸成されてきたことが推測

できる。赤色の「ち」のバックは「のれん」である。のれんは、商業が発達
したことの意味である。たぶんＦは、「ち」（血＝戦い）と商業の発達の関係
性に着目したのではないだろうか。「山」は、刀と田を表現した。Ｆは、「秀
吉がやったこと？かな」と疑問符をつけている。秀吉の刀狩りと検知を頭に
浮かべたのであろう。最初に言葉で書かせたイメージにはなかった事象であ
る。最後に、Ｆは、「いま思いついた。『桃』の色をぐっちゃな色（うすい黒
色を意味する）でぬったのは、天下統一までいろいろなことがあったから」
と述べている。Ｆはこの時代の複雑な状況を強く意識したのであろう。Ｆが
描いたこれらのことから、次のことを確認することができた。

ア　安土桃山時代のイメージを文字で描かせたら、その時代の特徴的な事象
　　を関連的にとらえるのではなく、各自が印象的だった歴史的事象の語句の
　　羅列に終わってしまった。学力の下位の生徒などは、ほとんど何も書けな
　　い子もいた。

イ　このことは、自己の印象や考えを言葉で表現することが相当に抵抗があ
　　ることを示している。すなわち、あるイメージを表現するとき、頭の中で
　　言葉によって整理し、説明することは難しいということである。

ウ　しかし、安土桃山時代のイメージを「色」と「形」の文字で描かせると、
　　どの生徒も自分の印象や考えを自由に、しかも無理なく表現することがで
　　きる。子の時代のイメージを文字として書くことができなかった生徒です
　　ら、彼らなりに絵文字にして表現することができた。

エ　Ｆだけでなく、どの生徒も最初のイメージ（言葉だけで書かせた場合）に
　　はなかった歴史的事象が「色」と「形」で表現していくうちに、１つ２つ
　　と引き出され、豊かな絵文字に追加されている。このことは、「色」と
　　「形」を活用した絵文字で考えると、頭の中で漠然としていた内容が具体
　　的になり、連想的に整理されるのではないかと推測できる。

オ　また、安土桃山時代のイメージを言葉で書き作業の時は、重い雰囲気で
　　あったが、「色」と「形」で表現する活動になると、相互に自分の表現を

見せ合ったり説明し合ったりするなど、意欲的で楽しい雰囲気の授業に一変した。

カ　これは、単に「色」と「形」を活用して絵文字を創ったという意味だけではなく、生徒各自に本単元の学習に対する知的好奇心を喚起させたと考えられる。

キ　表現した絵文字がどの生徒も彼らなりの言葉で説明できるようになったことは、漠然とした内容（イメージ）が「色」と「形」によって整理され、言葉で表現することを補助したのではないかと推測することができる。

　以上、これらの実践から、生徒のイメージを「色」と「形」によって単元の導入段階に表現することは、どの生徒も安土桃山時代についての自己の曖昧な歴史事象が明瞭になって、絵文字として具体化された。同時に、この時代に対するイメージが自己の考えを起点としてのスタートであるので、どの生徒もこれから学ぼうとする単元全体についての知的好奇心が著しく喚起され、Fのように問題意識を十分にもつことができた。

②単元終末段階における「色」と「形」の表現活動場面

　Fは、単元導入段階では、赤と黒の色を中心に、「血」・「刀」・「鉄砲」など、戦いのイメージを強調していた。学習後である単元の終末段階では、それが著しく変化していた。安土桃山時代は、政治・経済・文化が戦いを通して大きく変貌したことを学んだからであろう。Fの絵文字は、「漢字」「ひらがな」「カタカナ」を併用して、めまぐるしく変化した安土桃山時代の複雑な歴史的事象をできるだけ正確に表現しようとしていることが感じられた。表現した絵文字には。Fの工夫の跡がにじみ出ていた。

　導入段階の絵文字と比較すると終末段階では、ひらがなが多く曖昧な表現であったものが、単元の学習を通して獲得した知識を基盤として、明確に自己の考えを述べている。Fは、赤色、黒い線、茶色を使って「安」を描き、天下統一（戦）の陰には多くの人々が犠牲になったことと、その悲惨さを表現した。「土」の母児の中を赤い点と線で結び、信長や秀吉の城下町におい

て楽市・楽座が開かれたことによる人々の自由と喜びを表した。「も」の文字に黒い影をつけた。これは、華麗な桃山文化の中にある多くの貧しい人々の生活の苦しみを表現している。「ヤ」を縞模様にして、カステラに見立てていた。南蛮文化の影響を考えたのではないかと思われる。「マ」を青色にして、南蛮貿易と秀吉の朝鮮出兵をオーバーラップさせようとした。濃い青色の波を表す線は、当時の航海の困難さを表現しようとしたようである。

　これらの絵文字の理由付けから、Ｆの獲得した学習内容と個性が表現されたユニークな作品であると感じた。同時に、Ｆが安土桃山時代について、多角的な視点に立って学習たことが理解できた。Ｆ以外にも、「桃」のつくりの部分（兆）を茶器にかたどり、日本独自の文化である千利休の茶道を表現した生徒も多数見られた。

　生徒は、このように、学習を通して獲得した歴史的事象を個性的に、しかも豊かに表現することができた。本項では、Ｆを中心に考察をしてきたが、他の生徒にも単元導入段階では見られなかった多くの歴史的事象が終末段階の表現では表れていた。改めて、生徒が抱く安土桃山時代のイメージを「色」と「形」によって表現したことで、特徴的な歴史的事象や興味・関心の抱いた内容が明確に表現することができ、歴史認識を深めることがに効果があることを理解した。

【引用・参考文献】

打越正貴「生徒の思考指導に関する実践的研究－イメージを『色』と『形』で表現する方略を用いた授業改善を通して－」茨城大学大学院教育学研究科修士論文、1999年。

第7章　論理的思考力を育成する実践（小学校）

1　論理的思考力の指導のとらえ方

　平成15年の文化審議会国語分科会『これからの時代に求められる国語力について』の中で、「考える力」を国語力の筆頭に挙げ、「【考える力】とは、分析力、論理構築力などを含む、論理的思考力である。」と示している。また、言葉の論理構造を分析力で読み取り、論理構築力を使って表現し、活用できる力と位置付けている。さらに、学習指導要領においても、特に文学的な文章の詳細な読解に偏りがちであった指導の在り方を改め、自分の考えをもち、論理的に意見を述べる力や、目的に応じて読み取る能力を重視している。

　以上をふまえ、論理的思考力とは、表現された言葉の論理構造を分析的に読み取り、論理的に意見を述べる力や、目的に応じて読み取る能力ととらえた。そして、本実践では、言葉の論理構造を分析的に読み取るために、次の3段階の読みを重視した。

---

① 書かれている事柄や構成を正しく読み取る。（原因と結果）
② 筆者の考えを読む。（抽象化と一般化）
③ 筆者の考えや述べ方に対して、自分なりの考えを表現する。（理由と結論）

　また、読み取った内容から、児童が論理的に対話するために、次の手だてを重視した。

---

① 話合い活動を通して、思考を促す手だてを取る。

---

② プレ教材を用いて、用語や学習方法をお互いが共有できるようにする。
③ 課題題に対して、学習内容の共有化を図り、互いの考えを共有できる
　ようにする。

　なお、3段階の読みを通して身につける発達段階に応じた「読む力」と身
につけさせたい力」を下記の表1のように設定した。

表1　発達段階に応じた「読む力」と「身につけさせたい力」

	3・4年生	5・6年生
読む力	構成（はじめ、なか、おわり）、問いと答えをとらえて読む。 接続語、指示語、文末表現に注意しながら、筆者の主張を読み、感想をもつ。	論理関係を示す語の機能に注意しながら、文章全体の構成をとらえて読み、筆者の主張について、自分の意見を述べる。
身につけさせたい力	・はじめ、なか、おわりの構成と問いと答えをとらえる。 ・なかの事例の順序と筆者の意図に気づく。 ・形式段落と意味段落が理解できる。 ・キーワード、キーセンテンスを抜き出せる。 ・接続語、指示語、文末表現を理解しながら読む。 ・文末表現に注意を払い、意味や機能の違いを意識しながら読む。	・はじめ、なか、おわりの構成をとらえる。 ・なかの事例の順序と筆者の意図に気づく。 ・形式段落と意味段落が理解できる。 ・キーワード、キーセンテンスを押さえて読む。 ・論理関係を示す語の機能を理解して読む。 ・文末表現に注意を払うと共に、主張を表す文、理由や条件を示している文など、論証の構造を理解して読む。 ・段落の関係をつかみ、具体と抽象との構成を理解できる。 ・要旨をとらえる。 ・構成や表現について、自分なりの意見をもって読み、考えを表す。

（1）プレ教材で用語と観点の共有

　前述したように、国語の学習で身につけたいのは、論理的な読みである。児童が教材を通して、読み取った内容を論理的に話合うためには、共通の土台が必要である。共通の土台とは、すなわち、読みに関する用語と読みの観点である。児童がこれらの用語や観点を共有しないまま、授業に臨んだ場合、児童は論理的な読みに必要な用語や観点を用いず、授業は、児童のイメージと思いだけをバラバラに表現することに終始しがちである。そこで、児童の実態に応じて、教材で活用する用語と観点を的確に共有した上で、それらを活用し、「読む力」と「身につけさせたい力」を伸ばしていくことが論理的な思考力の育成につながると考えた。

　本実践では以上を踏まえ、児童の実態に応じて、主たる教材を学習する前に、プレ教材として平易な文で書かれた説明的文章を用いて、教材で必要とする読みに関する用語と読みの観点の取得を行った。そして、本教材ではそれらを活用して、思考の継続と発展を保障した。

　読みに関する用語と読みの観点は下記の表2の通りである。

表2　読みに関する用語と読みの観点

読みに必要な用語	読みに必要な観点
「はじめ、なか、おわり」、主語、述語、段落、要旨、要約、意味段落、形式段落、筆者の主張、接続語、指示語	問いと答え、話題の提示、はじめのまとめ、終わりのまとめ、筆者の考え・メッセージ、事例の取り上げ方と順序、文末表現、主語や主要語句の連鎖関係

（2）思考の過程の共有化

　授業において、教師が適切なタイミングで他者の発言や思考の過程を共有化する機会を設定しなければ、自らの考え方を広げたり、深めたりすることは難しい。そのままでは、他者の価値ある発言や考えはは見逃され、学びを深める機会を逃してしまう。そこで、友だちの価値ある発言を児童に気づか

せ、発言を意味づける教師の役割が重要になってくる。このことを、鹿毛雅治は話合いの方向を示す「方向付け機能」と定義している。ここでは、「方向付け機能」をさらに生かすため、「リフレクティヴトス」と「リヴォイシング」の方略を用いて、他者の発言や思考の過程を共有化して、論理的思考力を育成してく。

①リフレクティヴトス

　リフレクティヴトス（van Zee、E.、& Minstrell、J、1997）は、中田晋介らが明らかにした、教師が発言を聞いている児童に対して行う働きかけである。例えば、「今、話してくれた○○○○のところが分からないんだけど、みんなは、分かるかな」や「□□□さんは○○○と言ってくれたけど、どうしてそう考えたのか分かるかな」等がこれにあたる。

　本実践では、授業の中でリフレクティヴトスを実践するにあたって、バーラインの提唱した「認知的葛藤」の概念から、他者の発言を取り上げ、思考の共有化を図った。なぜなら、人は既有の知識とズレがある新しい知識に出会った時に疑問が生まれ、ズレを解消したいという行動に出るからである。例えば、授業の中で「えっ！」や「あっ！」の感動詞は、発言を聞く児童が自分とは違う発言を聞いた時や提示された資料から何かを発見した時、気づいた時に自然に発せられる。また、「あー、そうか」「へー」などの感動詞は友だちの発言内容や意味を理解した時に発せられる。これらの感動詞は児童が一生懸命に脳を働かせて、考えている時に発せられる。これらの瞬間を教師が丁寧に聞き分け、発言を聞く周囲の児童に対して、発言者の意図や発言内容を考えさせることができれば、他者の発言や思考の過程は共有化され、授業のねらいに迫ることができると考えたのである。

②リヴォイシング

　リヴォイシング（O'Connor、& Michaels、1996）は、一柳智紀によって児童の学習に与える影響について明らかにされた教師が児童の発言内容を繰り返したり、その発言を学習課題と結びつけたりする教師の応答である。この応

答は単なる発言の繰り返しではない。児童の発言を明確化し、これまでの発言との関係性を示すことで、発言を聞いている児童にポイントを強調したり、発言者に自分の考えを振り返らせたりする効果がある。例えば、「○○さんが言ったことは△△△△ということかな」がこれにあたる。児童はこの問いかけを聞くことで、今までの話合いの流れを振り返り、○○さんの発言とつなげて考えることができる。この思考の過程は、リフレクティヴトスと同様に、教師が児童の発言の価値を聞き分ける必要がある。さらに、発言を聞く周囲の児童に対して、発言者の意図や発言内容を考えさせることで、他者の発言や思考の過程は共有化され、授業のねらいに迫ることができる。

上記で述べた通り、本実践では、授業の中で多く使われている話合い活動に着眼し、リフレクティヴトスとリヴォイシングという方略を用いて、論理的思考力を育成するための中心的な場面にしたいと考えた。なぜならば、話合い活動の中でリフレクティヴトス及びリヴォイシングは次の点で効果があると考えたからである。

・児童の発言を学習とつなげ、意味づけることができる。

・発言を他児童につなぐことで、児童が相互に学び合う関係を作ることができる。

・児童の感覚的な発言を、誰もが理解しやすい内容へと言い換え、一般化できる。

このようにとらえると、話合い活動は論理的思考力を育成するための効果的な活動と考えることができる。

2　第5学年　国語「生き物は円柱形」（平成25年度）

（1）授業計画及び授業実践

①対象学年：小学校5年生

②単元名「段落相互の関係をとらえて読み、自分の考えを発表しよう」

　　　－主教材「生き物は円柱形」－（光村図書）

③単元の学習計画（7時間扱い）

　単元の学習計画を下記の表3のように設定した。

表3　単元の学習計画

時間数	学 習 活 動 及 び 内 容
2時間	・学習課題を設定し、学習計画を立てる。初発の感想を発表する。
2時間	・文章構成と段落相互の関係をとらえる。（本時はその2時間目）
3時間	・文章の要旨をまとめる。筆者の考えに対する自分の考えを書き、発表する。

④児童数　18名

⑤本時の指導（4時間目／7時間中）

⑥本時の目標

　段落相互の関係に注意しながら、筆者の考えの進め方を読み取ることができる。

⑦展開

表4　教師の主な指導内容

学習活動及び教師の主な指導内容	活動形態
1　全文を通読する。	一斉
2　「はじめ」と「おわり」の段落を入れ替えて、拡大した文章を提示する。	
3　本時の課題を確認する。	一斉
4　「はじめ」と「おわり」の段落を入れ替えることは可能か話し合う。	一斉
5　話し合ったことを発表する。	個別（評価）
6　本時の学習をふり返る。	個別から一斉

| | 7　次時の学習内容を知る。（文章の要旨をまとめ、自分の考
えを書く。） | 一斉 |

⑧評価基準

「語句と語句の関係に気をつけて、筆者の考えの進め方を読み取ってい
る。」

⑨本時の実践

　文章構成について学習をするために、説明的文章「生き物は円柱形」の
「はじめ」と「おわり」の段落の順番を逆にして黒板に掲示した。すると、
児童から疑問の声があがった。これをきっかけとして、「はじめ」と「おわ
り」を逆にすることは可能かどうかという話合いが展開された。話合いが進
み、一人の児童の発言に対して、疑問と納得の声があがった。下記の表5は
本時の授業記録の抜粋である。

⑩授業記録

表5　授業記録・1

C 1	えっ、なんか、違うんじゃない。
C 2	先生、「はじめ」と「おわり」が逆になってます。
C 3	先生、間違えてますよ。
C 7	ぼくは、わかりにくいと思います。どうしてかというと、「おわり」 の最後の文は「実におもしろい。」と書いてあるから、それが書いて ある段落を前にもってくるとわかりづらくなります。
C	えっ。（C 8の発言を聞いた周囲の児童からも疑問の声が出る。）
C 9	なるほどな。（A児）
T 9	C 9さん、「なるほどな」って言ったけど、どういうこと。
C 9	うーん、なんて言うんだろ……。
T 9	C 9さんが、「なるほどな」って言った意味わかる人いますか。
C 10	「おわり」の段落は、おわりの言葉でまとめているからおかしいです。
C	えっ。（C 10の周囲から、よくわからないという意味で聞こえる。）
T 11	どういうこと。

　それまで、児童の話合いの様子を注意深く聞いていた授業者は、児童からあがった「なるほどな」という言葉を拾いあげ、その児童に発言の意味を問いかけた。しかし、児童は、意味を自分の言葉で答えることができず、戸惑いの表情を見せた。授業者は、「なるほどな」と発言したＣ９の発言の意味を全体の児童に問い返した。すると、「なるほどな」の意味について、一人の児童が発言した。しかし、それを聞いていた周囲の児童からは、「えっ」という発言が聞こえてきた。担任は再び、「どういうこと」とその児童に問い返した。その後、周囲の児童から、Ｃ10の発言内容を補足する形で話合いは展開された。

（2）思考の共有化に関する考察

　平成25年度の実践：５年生「生き物は円柱形」２つの場面を取り上げる。

　１つは児童から発せられた「なるほどな」という言葉を拾いあげたことである。児童の話合いの様子を注意深く聞いていた授業者は、その児童に発言の意味を問いかけた。しかし、児童は、意味を自分の言葉で答えることができず、戸惑いの表情を見せた。この場面は、リフレクティヴトス及びリヴォイシングの効果における「児童の感覚的な発言を、誰もが理解しやすい内容へと言い換え、一般化できる」につながる場面である。ここから、授業者が児童の表情やつぶやきを見逃さず、話合いの方向性を全体の児童に示すことで、授業のねらいに結びつけることができた。

　２つめは授業者が友だちの発言を聞いて発っせられた「えっ」という児童の感覚的な発言を聞き逃さず、発言者やそれを聞いていた周囲の児童に対して、発言の内容を確認するために「どういうこと」と問い返したことである。

　この場面は、論理的に対話するために、課題に対して、学習内容と互いの思考の共有化を図ることができた場面といえる。また、授業者がＣ10の発言と全体の疑問の声を結びつけたことで、話合いの内容は文章を構成する文末表現や語句（前掲表２）に着目した内容へと向かった。そして、児童は自分

の発言の意味をわかりやすく伝えるため、段落内の接続語や文末表現を取りあげながら発言を始めた。すると、その発言を聞いていた周囲の児童も同様に文末と文とのつながりに目を向けて、話合いが活発に展開されていった。

　これは、話合いの中で大切な瞬間を見逃さず、教師のリフレクティヴトスによって発言を全体の中で価値付けたことの効果が大きい。なぜなら、この場面では、1人の児童の思考過程が必然性をもって一人一人の児童に共有化され、高学年の身につけさせたい力「構成や表現について、自分なりの意見をもって読み、考えを表す」が互いに深められていったからと考えられるからである。

3　第4学年　国語「動いて考えてまた動く」（平成26年度）

（1）　授業計画及び授業実践
①対象学年：小学校4年生（5月25日実施）
②単元名「高野進さんにビデオレターを送ろう」
　　　―主教材「動いて考えてまた動く」―（光村図書）
③単元の学習計画（9時間扱い）

表6　単元の学習計画

時間数	学 習 活 動 及 び 内 容
2時間	・プレ教材「にせてだます」（学校図書）を読み、説明的文章の構成を理解する。 ・自分の50m走の結果を全国平均と比べ、速く走る方法を考える。
1時間	・筆者の人物像を知り、学習への意欲を高めるために、筆者の関わった1992年バルセロナオリンピック、2003年パリ世界陸上大会の映像を視聴する。
1時間	・学習課題を設定し、学習計画を立てる。初発の感想をまとめる。

2時間	・文章構成と筆者の考えを捉える。事実とその解説を読み分ける。
3時間	・興味をもった部分を引用して、自分の考えをまとめ、筆者である高野進さんへビデオレターを送るための原稿を作成する。（本時はその2時間目） ・ビデオレターを作る。互いに視聴して、一人一人の考え方の違いに気づく。

④児童数　17人

⑤本時の指導（8時間目／9時間）

⑥本時の目標

　教材文を読み、興味をもった部分を引用して、自分の考えをまとめることができる。

⑦展開

表7　教師の主な指導内容

学習活動及び教師の主な指導内容	活動形態
1　本時の課題を確認する。	一斉
2　全文を通読する。	
3　興味をもった部分を引用して、原稿を作成する。	個別
4　原稿をグループ内で発表する。	グループ
5　本時の学習をふり返る。	個別（評価）
6　次時の学習内容を知る。（ビデオレターを作り、互いに視聴しよう）	一斉

⑧評価基準

　「興味をもった部分を引用して自分の考えをまとめ、文章を書くことができる。」

⑨本時の実践

　本単元の指導にあたっては、課題意識をもって教材文を読んで欲しいという授業者の願いがあった。ここでいう課題意識とは、与えられた教材文をな

んとなく読むのではなく、自分の体験に近づけて、興味・関心をもって、必然性をもって読むことである。児童が学ぶ教材文「動いて、考えて、また動く」は、陸上の世界大会に出場した筆者が導き出した生きる上での教訓が書かれてある。陸上競技を送りながら考えた内容が中心となる。そのため、本教材において、思考の共有化を通して論理的思考力を育成するためには、学習者自身の陸上競技に対する興味・関心やそれまでの体験が欠かせないと考えた。

そこで、教材文を読むにあたっては、これまでの体力テスト・50メートル走のタイムについて全国平均と比べたり、次の図１のように自分の走る姿を映像で見たりして、どうすれば速く走れるのか、考える時間を設けた。

また、単元の中では、著者である高野進さんが末續慎吾選手の帯同コーチとして、日本人初の銅メダルを獲得した世界陸上パリ大会の映像と400メートルの選手として、バルセロナオリンピックに出場して８位に入賞した時の映像を視聴した。次の図２はその時の映像を見ている児童の様子である。

2003年パリ世界陸上大会や1992年バルセロナオリンピックの映像を視聴した児童は髙野さんがどんな人なのか、もっと知りたいという気持ちをもつに至った。授業中の児童が髙野さんのコーチ時代やオリンピックで力強く走る映像にとても感銘しているところである。次の図３は、教材文に書かれてある走り方を教室で実際に確かめている児童の姿である。

図１　自分の走る姿の映像

図２　高野さんがオリンピックで走る映像

図3　教科書の挿絵と本文中の走り方を確かめる児童

　児童はパソコンを利用して高野さんの活動を調べた。そして、高野さんが現在も様々な活動を行っていることを知ると、学習後にビデオレターを送りたいという願いをもった。そこで、教材文について文章構成を学び、感銘を受けた部分を引用しながら自分の考えを文章に表し、ビデオレターを作成して、高野さんに送付した。

　3週間後、高野さんから返事が届いた。児童は返事を読み、自分が学んだことが実際の生活とつながっていることを一連の学習を通して実感した。

（2）思考の共有化に関する考察

　ここでは教材文の筆者、高野進さんのコーチ時代と選手時代の映像を視聴することを通して、児童がどのように動機付けられ、思考の共有化を通して論理的思考力が高まっていったのか考察したい。考察にあたっては、アンケートの結果、説明的文章の学習は好きであるが、評価読みを苦手としている児童を抽出して考察する。

　次の表10はビデオを視聴している時の教師と児童の発言内容を表したものである。

表8　授業記録・2

教師T・児童C	教師及び児童の発言
T 1	・この人がどんな人かわかるかな。
C 1	・走っている人かな。
C 2	・マラソン選手じゃない。
C 3 抽出児	・陸上っぽい。
C 4	・サッカー選手。
T 2	・今から、ビデオを見てもらいます。その中で、この人がどこかに出てきます。どこで登場するかよく見てください。
	〜末續選手の出場した世界陸上パリ大会の映像を視聴する〜
C 5	・えっ、200m。
C 6	・200mを20秒38で走るの？すごくない。
C 7	・うわぁ、すごく速い！
C 2	・銅メダル獲得だって。
C 4	・3位のことだ。
C	・すごい！すごい！（口々に聞こえてくる）
T 3	・黒板に貼ったこの人、どこで出てきたか、わかったかな？
C 3 抽出児	・コーチじゃない？
C 5	・選手じゃないよね？
T 4	・そう、この人は、今見た映像ではコーチの人です。
C 3 抽出児	・やっぱりそうだ！
C 6	・なんとなく似てた。
T 5	・この人は若いときは、自分でも選手として走っていました。
C 6	・先生、オリンピック選手ですか？
T 6	・その通り。オリンピック選手です。
	〜教師が黒板に高野進選手の経歴を提示する〜
T 7	・名前は高野進さんです。
T 8	・身長は178cmです。
T 9	・陸上400mでは60年ぶりにオリンピックに出場しました。
T 10	・決勝に進出して8位入賞しました。
T 11	・オリンピックには3回出場しました。
C 2	・すごい！400mで60年ぶりにもオリンピックに行ったんだ。
C 3 抽出児	・オリンピックに3回！伝説の人みたい。

T 13	・400mで45秒っていうと、200mではだいたい22秒、100m では、11秒になるね。
T 14	・50mでは、5秒5だね。
C 7	・ボルトより速いのかな。
	・ボルトなみだね。
C 8	・ボルトよりは遅いかも。
T 15	・この高野さんが教えたのが、さっき見た世界陸上で銅メダルを取った末續選手です。
C 4	・高野さんってすごい！
C 3 抽出児	・陸上の神様だ。
C 4	・今、何してんだろ。
C 9	・子どもに教えてるんじゃないのかな。ほら、少年団とか。
T 16	・高野進さんが走っている姿見たいですか。
	・みたいです。
T 17	・それじゃあ、今からビデオを流しますね。
	～高野進さんの1992年バルセロナオリンピックの映像を流す～
C 10	・おっ、出てきた。
C	・速い！速い！（口々に聞こえる）
C 1	・どんどん抜いていくよ。
C	・うわー、速い。（口々に聞こえる）
C 1	・がんばれ日本って書いてあるよ。
C	・すごいなぁ。（口々に聞こえる）
C 3 抽出児	・どんな人なんだろ。もっと知りたいなあ。
T 18	・もっと、知りたい？　それじゃあ、高野さんがどんな人なのか、今度、調べてみようか。 　この後、児童は「動いて、考えて、また動く」の筆者、高野進さんが8位入賞する瞬間までビデオを視聴する。

上記の授業の中で、抽出児の発言は次の通りである。※丸数字は発言の順。

表9　抽出児の発言

① コーチじゃない。
② やっぱりそうだ。

③　オリンピックに３回！伝説の人みたい。
　④　陸上の神様だ。
　⑤　どんな人なんだろう。もっと知りたいなあ。

　この内容を見ると、授業開始時は提示された著者の高野進さんの写真に対して、「コーチじゃない」という発言からも、興味を抱いて学習に参加していることがわかる。抽出児の意識は、高野さんがコーチとして末續選手と共に世界陸上で銅賞を獲得した映像を見ることで、次第に人柄に興味・関心をもちはじめる。それは、「やっぱりそうだ」という発言や、「オリンピックに３回！伝説の人みたい。」といった発言から推測される。

　そして、抽出児の興味・関心は徐々に高まり、「どんな人なんだろ。もっと知りたいなあ」と、その内面にまで目を向けるようになっていった。児童はその後、パソコンで著者の幼少時代から今に至るまでのインタビュー記事を見ることで、著者に対して、自分たちが教材文をどのように読んだのかビデオレターを送りたいという願いをもつようになった。そこで、授業者は筆者である高野進さんにその旨を伝えるメールを送った。しばらくすると、高野さんから承諾のメールが届いた。

　次の文は、高野さんから児童に届いたメールを読んだ抽出児の感想である。

　わたしは、すごくうれしいです。なぜなら、陸上の「神様」とよばれている人に返信をもらったからとってもこうえいなことだと思っているからです。

　抽出児は「神様」という表現を用いているが、これは、ビデオ視聴時と同じ表現である。抽出児にとって、視聴内容は心に深く残り、ビデオレターを送りたいという意欲付けとなったためと考えられる。また、文末の「とってもこうえいなことだとおもっているからです」という表現からは、高野さんをより身近な存在感じ、尊敬の気持ちをもって学習に取り組もうとしている

意欲も認められる。

　抽出児はその後、教材文を読み、著者にビデオレターと手紙を送った。次の表12は手紙の一部抜粋である。

表10　手紙の抜粋

> 「最初は言われたとおりでもいいからまず動いてほしい。人間は、自分の手を動かし、ほほに風があたっていろんな感じを受け……。」の部分にわたしは、なっとくしました。，中略，お母さんに「自分がどうして負けたのか考えてみなさい。ボレーの時やレシーブ、サーブは練習の時とくらべてどうだった。」と言われます。このアドバイスをさん考にして、し合をふり返り、練習に取り組むようになると、大会では、銀メダルを取れたり、入賞したりするようになりました。そして、動いて、考えることはとても大切なことだと思うようになりました。

　手紙の文面には、抽出児が意欲的に教材文を読んだ様子が表れている。これは、単元の始めに自分や筆者の走る映像を視聴した成果が大きい。手紙の後半部分を読むと「動いて、考えることはとても大切なことだと思うようになりました。」とある。抽出児はこの単元の学習をする中で大切な試合に勝利する経験をした。その時に筆者である高野さんの考えとお母さんのアドバイスを結びつけて考えている。このことは、「しかけ」として実施した。自ら走る姿や高野さんの映像を見て、感じたことを話し合う学習活動が影響を与えていると考えられる。すなわち、学びを刺激する「刺激機能」の役割を果たし、学習で醸成された課題意識と教材文に対する自分の読みが一体となり、実際の生活で生きて働いた成果と考察することができる。

4　第4学年　国語「アップとルーズで伝える」（平成27年度）

（1）　授業計画及び授業実践

　①対象学年：小学校4年生（6月17日実施）

②単元名「段落どうしの関係をとらえ、筆者の説明の仕方について考えよう」

　　－主教材「アップとルーズで伝える」－（光村図書）

③単元の学習計画（7間扱い）

　　次の表13は単元の学習計画である。

表11　単元の学習計画

時間数	学習活動及び内容
2時間	・全文を読み、アップとルーズの特徴をとらえて各段落読み、初発の感想を交流する。 ・学習課題を設定し、学習計画を立てる。
2時間	・はじめ、なか、おわりの文章構成をとらえる。,・「問い」と「答え」の構成をとらえる。（本時は2時間目）
1時間	・段落相互の関係を図に整理する。
2時間	・新聞や雑誌を持ち寄り、「アップ」と「ルーズ」の使い分けをとらえる。

④児童数　17名

⑤本時の指導（1時間目／7時間中）

⑥目標

　　アップとルーズの特徴をとらえて各段落読み、初発の感想を交流する。

⑦展開

　　次の表14は本時の展開である。

表12　展開

学習活動及び教師の主な発問・指示		活動形態
1	本時の課題を確認する。	一斉
2	全文を通読する。	一斉
3	各段落を読み、段落上部の空欄に適切なイラストを描く。	個別
4	描いたイラストとその理由を説明する。	グループ

5　初発の感想を交流する。	グループ
6　本時の学習をふり返る。	個別（評価）
	一斉
6　次時の学習活動を知る。（学習計画を立てる。）	

⑧評価基準「アップとルーズの特徴をとらえて各段落読むことができる。」

⑨本時の実践

　本単元では、段落同士の関係と文章全体における段落の役割について考えることをねらいとしている。また、本教材は8段落の構成になっている。1・2段落がアップとルーズについての具体例、3段落が1・2段落をまとめる形で「問い」になっている。そして、4段落が「アップ」、5段落が「ルーズ」についての筆者の説明が書かれている。6段落は4・5段落をまとめる段落である。

　1段落から6段落までは主にテレビについてアップとルーズの表現が書かれている。それに対して、7段落は、テレビ以外に新聞でも同様の表現があることを紹介している。最後の8段落は文章全体のまとめの役割を果たしている。児童はこの教材を通して、以上のような文章構成を学んでいく。

　4年生の児童はこれまで、2年生「しかけカードの作り方」と3年生「すがたをかえる大豆」で写真や絵、図と対応させて文章を読む行為を行ってきている。写真と文章が対応した説明的文章は、読み手が文章内容をイメージしやすく、内容を理解しやすい利点がある。その一方で、写真を見ながら文章を読むことで、読み手が文章を理解したつもりになる一面がある。特に、文章を読むことが苦手な児童にとっては、写真があることで読んだつもりになる傾向がみられた。そこで、本単元の学習にあたっては、教材との出会いを大切にして、課題意識をもって学習に取り組めるようにするため、段落に対応した写真を除いて教材文を提示した。そして、除いた写真の部分を想像して描く活動を取り入れた。そうすることで、どのような内容が文章で表されているのか、児童が主体的に考えて読むことができると考えたからである。

段落に対応して児童が描いた絵は、互いに見せ合い、そのように書いた理由を説明し合う活動を取り入れた。そうすることで、自分が教材文をどのように読んだのか、筆者が教材文で主張している内容まで、ごく自然に相手に伝えることができると考えたからである。

　このようにして、教材文を読み、初発の交流をした後、本単元の学習計画を設定した。問いと答えの段落がどの段落にあたるのか話し合うにあたっては、問いと答えの段落とその理由をノートに記述した。話し合いの前にノートに理由を記入することで児童の考えを確かなものとして、話し合いに参加させるためである。以上のようにして、教材に初めて出会った児童が主体的に教材に向き合い、話し合い活動を通して、思考の共有化を図り、論理的思考力を育成する実践を試みた。

(2) 思考の共有化に関する考察
　教材文「アップとルーズで読む」の単元目標は段落の構成をとらえることである。そこで、導入から学習者の意欲を支える視点に立ち、段落と対応した写真を除いた図5の教材文を提示した。児童は空欄になった部分にどのような絵を描けばよいのか興味をもち、教材文を読み進めた。ここでは空欄にすることで、児童が言葉の論理構造を分析的に読み取り、書かれている事柄や構成を正しく読み取ることを主なねらいとした。次の図4は写真を除いた教材文である。

　次の図5は児童が描いた段落の文章に対応したイラストである。

　図5の右側のイラストを見ると、第1段落の文中の「会場全体がうつし出され」や「観客席は満員」という「ルーズ」の特徴をとらえて描いていることがわかる。また、左側のイラストを見ると、第2段落の「アップ」の特徴を適切に読み取り、文中の「コートの中央に立つ選手」というアップの表現から描いたことがわかる。

　児童は自らのワークシートを示しながら、そのように描いた理由を教材文

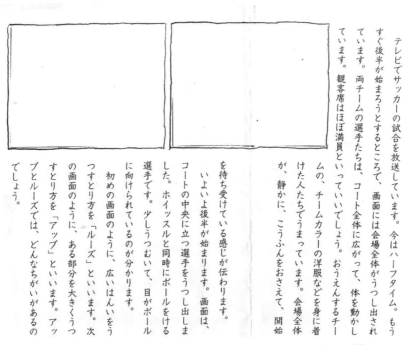

図4　段落に対応した写真を除いた教材文（第1段落〜第3段落）

を示しながら、グループ内の仲間に説明した。ここでは、学習のしかけとして、写真の部分がない教材文を提示したことで、読みに対する学習意欲が動機付けられ、語句をていねいに読み、イラストを描くことができた。児童は自分が描いたイラストの意味を説明するために、段落の文章に戻り、一つ一つのイラストと文章の語句との対応を説明した。一連の学習は、読みに必要な観点「事例の取り上げ方と順序」を仲間と共有し、論理的思考力を育成する上で効果的に働いたと考察することができる。

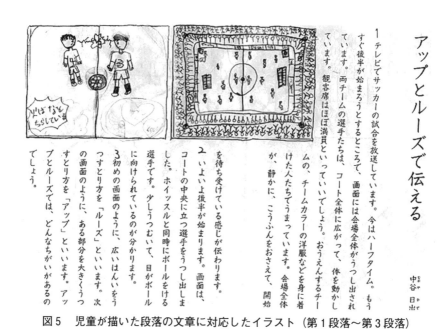

アップとルーズで伝える

中谷 日出

1 テレビでサッカーの試合を放送しています。今はハーフタイム。もうすぐ後半が始まろうとするところで、画面には会場全体がうつし出されています。両チームの選手たちは、コート全体に広がって、体を動かしています。観客席はほぼ満員といっていいでしょう。おうえんするチームの、チームカラーの洋服などを身に着けた人たちでうまっています。会場全体が、静かに、こうふんをおさえて、開始を待ち受けている感じが伝わります。

2 いよいよ後半が始まります。画面は、コートの中央に立つ選手をうつし出しました。ホイッスルと同時にボールをける選手です。少しうつむいて、目がボールに向けられているのが分かります。

3 初めの画面のように、広いはんいをうつすとり方を「ルーズ」といいます。次の画面のように、ある部分を大きくうつすとり方を「アップ」といいます。アップとルーズでは、どんなちがいがあるのでしょう。

図5　児童が描いた段落の文章に対応したイラスト（第1段落～第3段落）

5　成果と課題

　本実践では、説明的文章の学習において、学習内容と思考を共有化して論理的思考力を育成する視点から考察を進めた。そのため、平成26年度の実践では、児童が教材を身近に感じ、自らの走り方と結びつけて考える場を設定した。小学校の国語の学習はややもすると、教材の内容を正確に読み取ることに終始しがちである。しかし、思考の共有化を通して、論理的な思考力を育むためには、教材に興味・関心をもち、これまでの体験や学習経験を踏まえて教材に向き合い、自ら主体的に取り組む意欲が大切になってくる。

　これまでのOECDが実施した2000年から2012年までの学習到達度調査（PISA調査）の「読解力」結果をふり返ると、「自分の意見をもち、自分の言葉で論述する力」の設問形式が課題とされてきた。この力は、説明的文章を

読む学習において、段落構成の把握や著者の主張の理解など、学習を通して論理的思考力を育成する上で基本となる言葉の力である。

　これからの学習においては、自分の言葉で表現する力の育成が大きな課題なのである。

　本実践では、この課題をふまえて、平成26年度の実践において体験を通して教材を読み、読み取った筆者の意見に対してビデオレターを送る実践を試みた。読みと表現を関連させた学習である。その中で重視したのは思考の共有化である。思考の共有化を図るにあたってはその土台作りを大切にした。学ぶ主体である児童が必要感をもって思考の共有化を図らなければ、論理的思考力は育成できないからである。そのために、学ぶ必要性を感じる環境作りや教材の工夫、授業者の発問に着目した。その中でも特に、一柳の唱えたリヴォイシング、中田の唱えたリフレクティヴトスに着目した。さらに、平成27年度の実践では、意欲の面から、ブロフィや鹿毛の動機付けを参考に実践を図った。その結果、児童への動機付けを図り、教師の適切なリヴォイシングとリフレクティヴトスによって話し合い活動は目標に迫り、思考を共有化することで論理的思考力は深まることが明らかとなった。しかしその一方で、学級全体での話合い活動になると、自分の意見をもっていても、その場の雰囲気や時間の制約から意欲的に発言ができない児童も見られた。本実践においては、少人数での話合い活動や少人数から学級全体での話合い活動につなげるなど、他者の視点を生かした展開の工夫が必要になってくることも明らかとなった。

　秋田喜代美は思考を促すという視点から、「教師の発問」について「子どもたちの関係をつなぎ、教室での話合いへの参加を促す『社会的な足場かけ』」と「教科内容、教材理解へとつなぐ『分析的な足場かけ』」ととらえている。さらに、授業について斉藤喜博は「具体的に生きて動いている子どもの思考や心理を読みとり、それを教材にもっている報告や、授業の方向に照らし合わせながら、否定したり発展させたりしていかなければならないもの

である」ととらえている。つまり、教師そのものが児童の思考力を育てるための媒体となることであり、教師が思考力を育むフィルターの役割を担っていくことの重要性を指摘しているのである。今後ますます、授業者の力量が学習者の思考力育成を大きく左右するといえる。

【引用文献・参考文献】

打越正貴、斉藤茂樹「論理的思考力を育成するための指導方法の改善に関する一考察―説明的文章における思考の共有化を通して―」茨城大学教育学部紀要、第65号、2016年。

文化審議会国語分科会『これからの時代に求められる国語力について』2003年。

文部科学省『小学校学習指導要領　国語編』東洋館出版社、2008年。

鹿毛雅治「学習環境と授業」高垣マユミ『授業デザインの最前線Ⅱ』北大路書房、2010年。

一柳智紀「教師のリヴォイシングの創意が児童の聴くという行為と学習に与える影響」教育心理学研究、第57巻、2009年。

中田晋介「国際教育の在り方について」広島大学学部・付属学校共同研究紀要、第39号、2011年。

国立教育研究所『生きるための知識と技能 OECD 生徒の学習到達度調査（PISA）2012年調査国際結果報告書』明石書店、2013年。

秋田喜代美『学びの心理学授業をデザインする』左右社、2014年。

齋藤喜博『私の授業観』明治図書、1980年。

第8章 「単元を貫いた課題」による学習計画づくり（中学校）

　本実践は、第2学年の理科の授業（B市立C中学校）において、「単元を貫いた課題」を設定することにより、生徒の思考力の育成を試みた取り組みである。単元の一番初めの授業の導入教材として「単元を貫く学習課題」を提示し、最終的にどのような課題が理解できるとわかる授業になるのかを追究してきた。さらに、生徒が学習課題をもとに問題解決方法を考案し、どのように学習計画を立てるのかを3学級で実践し、その学習過程を比較・検討することにした。また、最後に単元を貫く学習課題を解くための授業をどのように取り組み、新しい自然の法則をどのように見つけていくのかを考察することで「自分なりに問題解決するための見方や考え方」＝「思考力」ととらえ、どのような思考指導が有効なのか追究した。

　筆者らは、理科の授業において導入教材の開発と学び合いを中心に、生徒が主体的かつ能動的に活動することで、思考力を高める実践を進めてきた。その結果、思考力を育成するには、生徒の学習意欲が「わからない」や「なぜ」から「知りたい」という気持ちに変化した時が重要であることが明らかとなった。本実践では、これらの研究の知見を基盤に、思考指導の視点として「自分なりに問題解決するための見方や考え方」を通して、単元全体を考察した。中でも、単元を通して生徒自らが連続して課題を発見したり、問題解決していったりする思考の連続性に注目した内容である。

1 思考の連続性を育成するための基本的な考え

(1) 導入に単元を貫く学習課題を提示

　理科においての導入は自然事象との出会いの場であり、ここで生徒が事前の事象とどのように出会うかが、その後の学習意欲や知的好奇心の高まりを決定づける。そこで、本実践では、思考の連続性を生み出すための学習課題を生徒に提示することで、学習教材（自然現象）との出会いとすることにした。この学習課題はこれまでのように簡単には解けない課題とする。したがって、本実践の単元で出会いは、生徒が「あっ」と驚くような現象だけでなく、「なんでだろう」と考える内容の教材となる。しかも思考の連続性を生徒にもたせるためには、疑問のなかに「知りたい」と思う内容を仕組む必要がある。また、単元を貫いた学習課題は複数の指導事項が理解できたときに解決できるようにする。さらに、学習課題は、生徒の日常に関連しており理解しやすく、「不思議だ」と疑問をもてるような具体物を活用する。

(2) 生徒による単元を貫いた学習計画

　単元を貫いた学習課題（自然現象）を目にしたとき、生徒はたくさんの疑問がわいてくる。それをどのような方法で解決するかを既習内容から、毎時間の課題として学習時間とともに表したものが単元を貫いた学習計画となる。

　図1は、単元を貫く学習課題から課題解決までを図解した「単元を貫く学習課題による課題解決図」である。問題解決は山登りに似ている。山の麓から頂上を眺めているときが単元を貫く学習課題を目の当たりにしたと同様である。「わからない」「なぜだろう」という気持ちが「どうやって登ろうか」「どこを通ろうか」などと同じ気持ちに当たるのである。生徒には、圧倒的な大きな壁に対して、「乗り越えてみせるぞ」という闘志がわいてくる。この気持ちがいわば知的好奇心である。頂上にたどり着くまでにはいくつもの難所（指導事項）と何通りものルート（学習計画）がある。その中から「自分

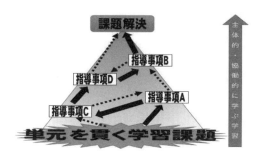

図1　単元を貫く学習課題による課題解決図

　なりに問題解決するための見方や考え方」の視点を通して、自分なりのルートを見つける。麓から太い矢印のルートで課題解決するのもよいが、点線の矢印のルートでも山の頂上である問題解決にたどり着くこともできる。または、この図にないような全く新しいルートを見つけ頂上にたどり着くこともできる。どの矢印の先にも指導事項がいくつもある。生徒が疑問に思ったことを解決していくと、生徒自身が自ら自然の規則性を発見していくことになる。どの指導事項から解決していくかは生徒次第である。すべての解決方法が自由であり、先が見えないからこそ興味・関心が高まるのである。今回の実践では、3学級を対象に同じ「単元を貫く学習計画」を提示し、どのように問題解決していくかを考察した。

（3）学習形態の工夫

　単元を貫く学習課題において課題を解決するために解くべき生徒の疑問を解決するために、様々な学習形態を取り入れた。その方法を示したのが図2である。パーソナルワーク（以後PW）とは、自力で解決する取り組む学習形態である。これは、生徒同士はもちろん教師も支援はしない。さらに、課題は解けても解けなくても生徒が自ら何かしらの解答を導き出すことが生徒との約束になっている。次に、グループワーク（以後GW）は、男女混合の

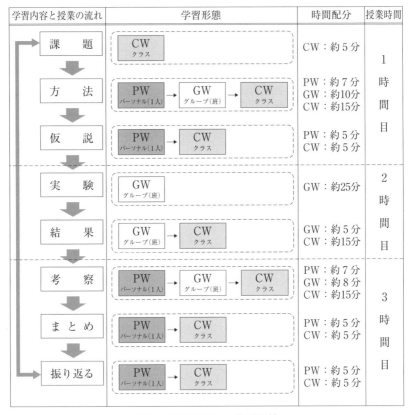

図2　授業の流れと学習形態

3〜4人での話合いによる学習方法である。まずは、お互いの考えを発表し合い、その意見をもとに深めていき、一つの答えを導き出す。生徒には、「司会」、「発表」、「計時」、「記録」の役割がある。続いて、クラスワーク（以後CW）とは、GWで導き出した答えをお互いに発表し合い、比較・検討することで、その違いを理解しながら解答を導き出す学習形態である。学習内容を達成するためにこれらの学習形態を活用しながら授業を構成した。指導事項を解決するための学習内容と授業流れは図2のようになる。課題から解

決方法を考え出し、その後仮説を立て、実験する。そして、各班の結果を共有し、そこから考察していく。CWで学級全員の考えから解答を導き、まとめにつなげる。まとめは生徒が、授業でどのようなことが理解できたのかということを確認する場である。CWで数人のまとめを共有したら、教師からのまとめ例を提示する。その時、生徒の考えが適切に導き出せていない場合は、教師側で修正するようにする。最後に振り返りをして、これまでの反省と今後の課題を確認する。

2　第2学年　理科　「電流と回路」の授業

　理科の問題解決学習における思考指導は、小学校3年生から6年生へと系統的に行われている。3年生では「比較」、4年生では「関連付け」、5年生では「条件制御」、6年生では「推論」の4つがある。中学校ではこれらを駆使して自ら主体的に探求することが求められており、それができたときに知的好奇心が高まり、「自分なりに問題解決するための見方や考え方」が育成されると考える。そこで、生徒が単元を貫く学習課題から問題解決方法を考えるとき、小学校で学んだ問題解決方法をどのように活用しているかを明らかにすることで、思考指導の有用性を考察する。

(1) 単元3「電流とその利用」1章「電流と回路」

　授業実践1は、中学2年生3クラスにおいて、中学校2年理科の単元3「電流とその利用」1章「電流と回路」の授業実践を行った。生徒はこれまでに小学校第3学年で「電気を通すつなぎ方と通さないつなぎ方があること」、「電気を通す物と通さない物があること」、「第4学年で「乾電池の数やつなぎ方を変えると豆電球の明かさが変わること」について学習している。

　本単元では、「簡単な直列回路や並列回路における電流と電圧に関する規則性を、実験を通して見いださせ、回路の基本的な性質を理解させること」、

「金属線などに加える電圧と流れる電流を調べ、それらの関係を見いだすこと及び電気抵抗の概念を導入すること」をねらいとしている。生徒にとっては、電流や電圧、抵抗などの完全に見えない自然事象を数値により可視化することで、その規則性や概念を学ぶための初めての教材といえる。生徒はこれまで、目の前の物質の色や形や大きさが変わることで実感を得ることで学んできた。しかし、今回の教材は、それらの教材よりも実感しにくく、難しさを感じる教材である。

　本授業では、導入の自然事象との出会いとして、技術科の授業で学んだものづくりの教材を活用し、既習内容をさらに広げるような感覚を得ることで、難しさを和らげられるように工夫した。

　ものづくりを行ったものは、防災グッズである。予期できない天変地異が起こったときには必ず重宝するが、もし故障したらと仮定することで、単元を貫く学習課題を作成した。一見、難しそうな防災グッズの基盤をよく観察すると、4つの部品からできており、その中の抵抗器のみが未習の学習内容であることに気付く。さらに、補助発問として、「壊れた部品をこの抵抗器として、それをなおすために3つの抵抗器をどう並べて回路を作るとよいか、計算で求めてみよう」と発問する。すると、この単元の指導事項を理解していなくても、抵抗器の並べ方は4つのパターンで、予想を立てることができる。少なくとも何かの数値から計算が必要になることが課題を読み取ることで解決への見通しをもつことができるようにした。そして、課題解決のために、電流計や電圧計の使い方を理解し、直列回路・並列回路の電流・電圧・抵抗の性質を知りたいと思えるようになることで、学習計画を立てられるようにした。しかし、その順番は生徒の考えに任せることにした。

　電流計と電圧計の使い方は一番初めに学習することにする。それ以外に関しては、学習の順番が変わっても大きな影響がないようになっている。最後は直列・並列回路の全体抵抗の求め方から自分の予想した回路の抵抗を求められるように、具体的数値を始めに提供している。これらから3学級でどの

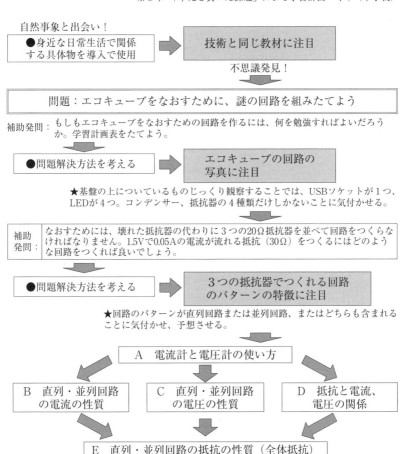

図3 「電流とその利用」の授業実践」

ような筋道で問題解決に至ったのか、その順序を比較することで、生徒がど
のような課題を立てられたのかを検討する。また、1学級に焦点をあて、小
学校で学んだ問題解決方法がどのような状況で実験方法に影響したか、そし
て、CWでの話し合いや解決解決方法等を動画から分析することで、生徒の

思考過程を考察する。

3　授業実践の考察

（1）単元を貫く学習課題と学習計画づくり

　単元全体の導入となる授業では、単元を貫く学習課題として「エコキューブをなおすために、謎の回路を組み立てよう」を設定した。さらに、補助発問を以下のように述べた。

> ①「エコキューブが壊れてしまった。なおすためには、どうしても1.5V（ボルト）の電圧で0.05A（アンペア）の電流が流れるような抵抗が必要になった。」
> ②「今、もっている抵抗は20Ω（オーム）の抵抗器3つしかない。」
> ③「どのように20Ωの抵抗器をつなげて回路を作れば、1.5V0.05Aが流れる抵抗になるだろうか。実際に回路を作り、計算で確かめよう。」

　この中には、未習内容が含まれており、生徒には難しい内容の文もある。問題解決のヒントを示すことで、これから学ぶ指導事項に関係なく4通りの答えが思いつく仕組みにした。

　具体的には、「今、もっている抵抗は20Ω（オーム）の抵抗器3つしかない。」という部分である。これだと3つの抵抗器を組み合わせて回路を作らなくてはならないので、4通りの回路ができることになる。その種類は、「3つの抵抗の直列回路」「3つの抵抗の並列回路」、「2つの抵抗を直列つなぎにしたものに1つの抵抗を並列につないだ回路」、「2つの抵抗を並列につなぎにしたものに1つの抵抗を直列につないだ回路」である。

　ここまでは、指導事項を学ばなくてもたどり着けるが、このままでは、正解を選ぶための根拠を発見することはできない。そこで、「どのように20Ωの抵抗器をつなげて回路を作れば、1.5V、0.05Aが流れる抵抗になるだろ

うか。」という問いを投げかける。

　生徒は、「抵抗って何だろう」、「電流や電圧はなんだろう」、「電流を上げると電圧や抵抗はどうなるのだろうか」など、新たな多くの疑問がわいてくる。

　これらが単元を貫く学習課題を解決するカギとなるのである。WS（ワークシート）の結果をまとめたものが表1である。ほとんどの生徒が3種類以上の回路図を予想できており、その中でも必ず「3つの抵抗の直列回路」だけは全員予想されており、何も思い浮かばなかったという生徒はいなかった。このことからWSの効果が発揮され、生徒の思考を支援することができたと考える。

　下記の表2は、問題の詳細を補助発問した後に、生徒から出た疑問の種類と人数をPW後とGWとCW後についてまとめた内容である。

　生徒の学びたい事は、全部で11種類にも増加し、未記入の生徒はいなかった。特に抵抗への疑問が多く、純粋に抵抗って何だろうと思った生徒も多かったが一番多かったのは電流や電圧の数値から抵抗を求めるための計算方法を知りたいと考える生徒がPWで25人、その後のGWとGWで深める活動でさらに4人が追加され、合計36人中29人が学びたい事となった。

　これは、生徒が「電流と電圧から抵抗を求める何かがあるだろう」と考える疑問である。このことは、後に学ぶオームの法則となるが、生徒なりに何となく法則のようなものがあるのではないかということを予測しているといえる。それを裏付ける解答として、「抵抗と電圧の関係」「抵抗と電流の関係」「電流と電圧と抵抗の関係性」に疑問を抱いた生徒が比較的に多かった

表1　WSによる予想した回路図の種類と人数（生徒36人）

	予想できた人数		予想できた人数
4種類の回路	12	2種類の回路	3
3種類の回路	20	1種類の回路	1

ことがあげられる。

　予想した回路図が直列回路と並列回路が組み合わさったものであったことからか、「直列回路と並列回路の電流と電圧の性質」「直列回路と並列回路の抵抗の性質」「直列回路と並列回路の電流と電圧、抵抗の性質」なども学びたい事としてでてきた。基本動作である「電流計電圧計の正しい使い方」も学級の4割の生徒が学びたい事としており、小学校で簡易型電流計の使い方は学んでいたものの、新しい電流計の複雑さに、実験するときに上手に使えるのかと不安を抱いたようである。このようにたくさんの疑問が学びたい事として生徒からあげられてきた。これらの内容をもとにして、各学級で単元

表2　生徒が授業で学びたいこと（PWとGW及びCWで追加された内容）
（生徒36人）

NO	学びたい事	PW	GW&CW
1	抵抗とは何か	19	3
2	抵抗の求め方（計算方法）	25	4
3	電流と電圧の関係	4	1
4	抵抗と電圧の関係	11	4
5	抵抗と電流の関係	11	5
6	電流と電圧と抵抗の関係性	9	3
7	直列回路と並列回路の電流と電圧の性質	3	3
8	直列回路と並列回路の抵抗の性質	3	1
9	直列回路と並列回路の電流と電圧、抵抗の性質	4	0
10	電流計電圧計の正しい使い方	12	3
11	直列回路と並列回路が混ざった回路での電流・電圧・抵抗の性質（抵抗は3つ以上）	1	0
12	生徒が理解していないだろうと思われる意見	8	1
13	未記入	0	8

を貫く学習課題と学習計画を立てた。

　下記の図4は、実際に生徒がCWで導き出した内容の表をもとに、単元で学ばなければならない指導項目を各学級で並べた内容である。

　図4から教科書通りの指導事A→B→C→D→Eの順番で学習計画を立てた学級はないことがわかる。しかし、どの学級も最初に学びたい事は「A電流計と電圧計の使い方」で最後の「予想した回路の全抵抗から求める」の直前は「E直列・並列回路の抵抗の性質（全体抵抗）」の順番に必ずなることがわかる。　最初の指導事項Aは、これからの学習を進めていくうえで理解していないと、実験の数値を求めることができないことを生徒自身がわかっているからである。そのことから、一番初めに学ぶことへの必要性を感じたのであろう。さらに、最後の直前の順番に指導事項Eが入ることも、最後の「予想した回路の全体抵抗から求める」ことを達成するには、この内容がわかっていないと求められないからである。ならば、学習の道筋をどのように進めるのかを考えていくと、生徒は未習内容の学習計画を立てることができるからである。　しかし、生徒主体で学習計画を立て、問題解決学習を行うことができても、予定の授業時数である11時間を超えてしまった。少なくても、17〜18時間の授業時数を確保する必要があり、補充の授業を行う余裕が無くなってしまう。

（2）「A　電流計と電圧計の使い方」

　ここでは、学習計画を指導事項A→D→B→C→Eの順で立てた2年A組に焦点を当てて考察する。

　「電流計と電圧計の使い方を簡単な回路を作って学ぶ」という学習活動でにおける実験方法を考える授業を実施した。教科書では、豆電球1つの回路で豆電球を通る前後の電流を図り、豆電球を通過するときの電流の性質を見いだすことが学習の目的となっている。

　そこで、生徒に実験方法を考えさせたときの内容とその考えを導き出した

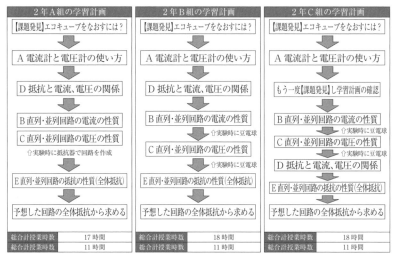

2年A組の学習計画		
【課題発見】エコキューブをなおすには？		
A 電流計と電圧計の使い方		
D 抵抗と電流、電圧の関係		
B 直列・並列回路の電流の性質		
C 直列・並列回路の電圧の性質		
⇧実験時に抵抗器で回路を作成		
E 直列・並列回路の抵抗の性質(全体抵抗)		
予想した回路の全体抵抗から求める		
総合計授業時数	17 時間	
総合計授業時数	11 時間	

2年B組の学習計画		
【課題発見】エコキューブをなおすには？		
A 電流計と電圧計の使い方		
D 抵抗と電流、電圧の関係		
B 直列・並列回路の電流の性質		
⇧実験時に豆電球		
C 直列・並列回路の電圧の性質		
⇧実験時に豆電球		
E 直列・並列回路の抵抗の性質(全体抵抗)		
予想した回路の全体抵抗から求める		
総合計授業時数	18 時間	
総合計授業時数	11 時間	

2年C組の学習計画		
【課題発見】エコキューブをなおすには？		
A 電流計と電圧計の使い方		
もう一度【課題発見】し学習計画の確認		
B 直列・並列回路の電流の性質		
⇧実験時に豆電球		
C 直列・並列回路の電圧の性質		
⇧実験時に豆電球		
D 抵抗と電流、電圧の関係		
E 直列・並列回路の抵抗の性質(全体抵抗)		
予想した回路の全体抵抗から求める		
総合計授業時数	18 時間	
総合計授業時数	11 時間	

図4　各学級の学習計画を指導事項で表示した内容

人数を PW 時とその後の GW&CW 時で表したのが表3である。PW では、回路を作って抵抗器を通過するときの電流・電圧を調べるのか、それとも豆電球を通過するときの電流・電圧を調べるのかで意見が分かれている。そして、実験方法も様々であった。電流計・電圧計の使い方を学んだ後、実際に使用するときに回路のどこを測定するかで実験方法がわかった。これらの意見は、GW&CW で同じ方向性に修正されている。それでは、GW&CW において、どのような意見を根拠として方向を修正していったのであろうか。

　まず、回路を作るときに何を使うかについては、抵抗器だと正確な電流・電圧の数値を示すことができるか不安だったので、電球を使うことにしたのではないかと考えられる。次に、回路のどの部分で電流や電圧を調べるかについては、どうせ調べるのならば1つの豆電球を通過する前後で電流の数値の変化を調べることで、その性質を発見できるのではないかと考えたのではないだろうか。

　「まとめ」においては、生徒一人一人が理解した内容を見ると、課題であ

表3　「電流計と電圧計の使い方」実験方法 PW と GW＆CW（生徒36人）

NO	実験方法	PW	GW&CW
1	回路を作るとき抵抗器でつくる	7	0
2	回路を作るとき豆電球でつくる	35	36
3	電流計を、豆電球の前方に直列につないで調べる	21	0
4	電流計を、豆電球の後方に直列につないで調べる	3	0
5	電流計を、豆電球の前方と後方に直列につないで調べる	12	36
6	電圧計を、豆電球の前方に並列につないで調べる	13	0
7	電圧計を、豆電球の後方に並列につないで調べる	4	0
8	電圧計を、豆電球の前方と後方に並列につないで調べる	8	1
9	電圧計を、豆電球を挟むように並列につないで調べる	0	0
10	電圧計を、豆電球の前方と後方、豆電球を挟むように3か所に並列につなぎ調べる。	4	35
11	電圧計を並列でなく直列につないだ間違った調べ方で調べる	13	1

る電流計と電圧計の使い方について、36人中27人が正しい内容を書くことができた。そして、この中の8名が電流計と電圧計の使い方だけでなく、いわばこの実験の数値から得られる副産物ともいえる、豆電球1つを通過するときの電流・電圧の規則性の2点を答えることができていた。これらのことから、少数意見ではあるが PW において、「どうせ電流・電圧を実際に測るのならば、回路のいろいろな部分の数値を調べよう」という知的好奇心が喚起されたととらえることができる。さらに、この考えは GW から CW と経て取り入れられ、学級全体の実験方法となったことで、結果的に新しい規則性を見いだすことができたと考えられる。

（3）「D 抵抗と電流、電圧の関係」

　次に、指導事項Dの「抵抗と電流、電圧の関係」の実験方法を考える授業を行った。下記の表は、PW での意見と GW&CW の意見の種類と人数を表している。

　回路を作るときに使用するものについては、抵抗器だけを使用するのではなく豆電球を使用しているところに抵抗器を入れることにした。このことにより、電流や電圧への影響を調べることを考える生徒が多く見られた。これは、調べたい条件を変え、それ以外の条件は変えないという条件制御の問題解決方法が影響したのではないかと考えられる。しかし、GW や CW において、生徒から余計にわかりにくくなるのではないかという意見がでたことで、単純に2つの異なる抵抗器を入れ換えるだけの条件制御をすることに決まっ

表4　「抵抗と電流、電圧の関係」実験方法 PW と GW&CW（生徒36人）

NO	実験方法	PW	GW&CW
1	回路を作るとき抵抗器を使う	9	0
2	回路を作るとき豆電球を使う	1	0
3	回路を作るとき2つの異なる抵抗器を使う	8	36
4	回路を作るとき抵抗器と豆電球の両方を使う	16	0
5	抵抗器の前後で電圧と電流を調べる	9	0
6	抵抗器の前に電流計と電圧計、抵抗器を挟んで電圧計を設置した回路	4	0
7	抵抗器の前に電流計、抵抗器を挟んで電圧計を設置した回路	11	36
8	抵抗器でないところを電圧計で挟み、電流計も含んだ回路	1	0
9	抵抗器を挟んで電圧計を設置した回路	8	0
10	電圧の増減を電池の数で行う	5	36
11	間違った電圧計の使い方の回路	1	0

た。

　次に、回路の作り方である。生徒は、PW の時点で全体の約半数が正しい電圧計が設置できていない回路の実験方法を考えていた。正しく調べる回路での実験方法を考えた生徒は、全体の約3分の1であった。このことから調べたいものに関しての目的意識をしっかりもっている生徒は多いものの、前時で学んだ電流計・電圧計の使い方がすぐに活用できていないことがわかった。　しかし、生徒は、GW と CW において前時に発見した豆電球1つを通過する前後の電流・電圧の性質から、どちらも変化しないことがわかっていた。このことから、今回の実験では電流・電圧ともに回路の1地点で測定することで効率的に実験できることを導き出すことができた。実験結果の考察では、36人中25人が PW の時点でオームの法則である「抵抗が一定のとき、電流と電圧は比例する」という意味の説明が書かれていた。その一方で、「比例」という言葉で説明できた生徒は、18人にとどまった。その他の7名は、小学校の算数の「比例」で学んだように、「電圧が2倍3倍…と増えるとき、電流も2倍3倍…と増えている」と答えたり、「電圧が高まるとともに電流も高まる」とう表現で書かれたりしていた。まとめでは、36人全員がオームの法則について記述しており、中でも4人がオームの法則の公式まで表記していた。数値からその規則性を見い出し、さらに公式まで発見していた。

（4）「BC 直列・並列回路の電流・電圧の性質」

　次に、指導事項Dの「抵抗と電流、電圧の関係」の実験方法を考える授業を実施した。以下の表5は、PW での意見と GW&CW の意見の種類と人数を表している。まず、「回路で使用する機器」を見ると PW では、豆電球を使おうと考えている生徒がほとんどであった。この授業の目的である直列・並列回路の電流・電圧の性質を調べるとき、多くの生徒は抵抗器まで使ってしまうと条件をそろえて調べにくいということがわかっていたと考えられる。

表5 「直列・並列回路の電流・電圧の性質」の実験方法（生徒36人）

分類項目	NO	実験方法	PW	GW&CW
回路で使用する機器	1	回路を作るとき豆電球を使う	33	36
	2	回路を作るとき抵抗器を使う	3	0
	3	回路を作るとき抵抗器と豆電球の両方を使う	0	0
直列回路の電流計	4	1つ目の豆電球の前に設置する	35	36
	5	1つ目と2つ目の豆電球の間に設置する	7	36
	6	2つ目の豆電球の前に設置する	8	36
	7	その他	0	0
直列回路の電圧計	8	1つ目の豆電球の両端に設置する	16	36
	9	2つ目の豆電球の両端に設置する	7	36
	10	1つ目と2つ目の豆電球の両端に設置する	21	36
	11	電源の両端に設置する	7	36
	12	その他	4	0
並列回路の電流計	13	豆電球の分岐点の前に設置する	33	36
	14	豆電球に分岐した上側に設置する	8	36
	15	豆電球に分岐した下側に設置する	8	36
	16	2つの豆電球が合流したところに設置する	9	36
	17	その他	1	0
並列経路の電圧計	18	上側の豆電球の両端に挟んで設置する	9	36
	19	下側の豆電球の両端に挟んで設置する	7	36
	20	豆電球に分岐する前と後の両端を挟み込んで	27	36
	21	電源の両端を挟み込んで設置する	7	36
	22	その他	4	0
完全正解	23	NO 4、5、6、8、9、10、11、13、14、15、16、18、19、20、21の回路のすべて	7	

　「直列回路の電流の性質を調べる実験方法を考える」PW では、電源から2つの豆電球の前に電流計を設置する回路を作ることには気付きづけるが、その他の部分を調べる実験方法は全体の4分の1しか気づけなかった。これは、「A　電流計と電圧計の使い方」において、同様に豆電球を通過する前後でどのように数値が変わるかを調べていることから、それと同じようにしようとしたと考えられる。このことから、調べる地点を変えて、その他の条件は変えずに調べようと考えた生徒が少なかったことがわかる。

　「直列回路の電圧の性質を調べる実験方法を考える」PW では、1つ目の豆電球を挟んで電圧計を設置する回路と、1つ目と2つ目の豆電球の両端を挟んで設置する回路の2つの実験方法について、約半数の生徒が考えることができた。しかし、2つ目の豆電球を挟んで電圧計を設置する回路に関しては、考えることができた生徒は少数であった。電源の電圧を調べようとする生徒もいたが、わずかに7人だけであった。その他に、電圧計の使い方をまだ理解できていない生徒が数人見られた。

　「並列経路の電流の性質を調べる実験方法を考える」PW では、豆電球の分岐点の前に電流計を設置する回路は考えることができたものの、それ以外の部分を調べる実験方法を考えることができた生徒は全体の約5分の1ほどであった。その他に、電流計の使い方を間違って電圧計のように並列につなげて設置した回路を考えた生徒が1名見られた。

　「並列回路の電圧の性質を調べる実験方法を考える」PW では、上下の豆電球に分岐する地点、合流する地点の両端を挟み込んで電圧計を設置する生徒が多く見られた。しかし、上下に分かれた豆電球をそれぞれを調べようと電圧計を設置する生徒は、全体の約5分の1程度であった。その他に、やはり電圧計の使い方を間違って直列につなげて設置した生徒が数名見られた。全ての実験方法を PW 時に出せた生徒は36人中7人であった。少数ではあるが、条件制御による問題解決能力が高まっていると考えられる。これらの意見をもとに GW と CW を行うことで思考の共有を図り、正しい意見を参

考にして全部の班で実験することができた。実験方法が考えられなかった生徒も新しい実験方法を知ることができ、この後の実験及び考察へとつなげることができた。

　表6は、「直列・並列回路の電流・電圧の性質」考察PWとまとめPWの内容である。表6から実験後の考察のPWを見ると、正解は11人であった。完全正答とした生徒の考察は、「直列回路の電流は、どこで測っても全て等しい」、「並列回路の電流は各部分に分かれた電流の和は全電流に等しい」、「直列回路の電圧は、各部分に分かれた電圧の和は全電圧に等しい」、「並列回路の電圧は、どこで測っても全て等しい」の4つの内容が書かれていた。

　誤答内容を見ると、「直列回路の全電圧は、各部分の和になる」の「和になる」部分を「増えた」「減った」のようなとても簡単な規則性しか見つけられていないものであった。また、「和になる」の部分を「1/2、半分、2倍

表6　「直列・並列回路の電流・電圧の性質」考察PWとまとめPW（生徒36人）

考察PW			考察GW&CW後のまとめPW	
正解人数・・・・・・・・・・・・・・・・	11		正解人数・・・・・・・・・・	29
・それぞれの性質を数式でも書かれていた	4		・それぞれの性質を数式でも書かれていた	12
誤答数・・・・・・・・・・・・	25		誤答数・・・・・・・・	7
・「和になる」の処を増減で表した。	11		・「和になる」の処を1/2、半分、2倍などで表現した。	4
・「和になる」の処を1/2、半分、2倍などで表現した。	9		・直列回路の電流と並列回路の電流のみの性質のみ解答した。	2
・それぞれの数値の7の倍数になる。	1		・理解できていない。	1
・数値を読み取って文で書き表した。	3			
・理解できていない。	1			

になる」など、自分の班だけでなく他の班の数値から規則性を見いだした生徒がいた。たしかに数値だけを見ると、これらはあり得る考察結果であるが必ずすべてのデータがそうなっているわけではない。

まとめPWの正解数は29人と増えた。考察GW&CWを行うことでその成果は確実に向上した。その一方で、誤答内容を注目してみると、考察PWで多かった「直列回路の全電圧は始めの電圧よりも増えた」または「直列回路の各部分の電圧は全電圧より減った」と解答する生徒はいなくなっていた。しかし、実験データの数値の読み取りが不十分な生徒が少数見られた。

この原因として考えられるのは、豆電球の電圧規格を学校教材用ではよく使われている1.5Vに全てを使用したことが、このような結果にさせてしまったと考えられる。正しい考察にするためには、1.5Vや2.2Vなど2種類を混ぜて使用することを改善し、生徒が「和になる」という規則性に気づきやすくする必要があると考える。

(5)「E 直列・並列回路の抵抗の性質（全体抵抗）」

次に、指導事項E「直列・並列回路の抵抗の性質」の実験方法を考える授業を行った。以下の表7は、PWでの意見とGW&CWの意見の種類と人数を表している。

「回路で使用する機器」を見るとPWでは、抵抗器を使おうと考えている生徒が大部分であることがわかる。これは、授業の目的である直列・並列回路での全体抵抗の性質を調べるとき、豆電球を使うことで条件をそろえて調べにくいということを、ほとんどの生徒がわかっているからである。実験方法を考えるPWおいて、多くの生徒は、前時の実験方法を参考に回路を作り、豆電球だったところを抵抗器に変えて同じことを行えばよいと考えいた。

その一方で、前時で求めた直列・並列回路の電流・電圧の規則性を活用して実験方法を考えた生徒が7人いた。これらの生徒は、直列回路と並列回路の電流と電圧の性質を活用すれば、全ての実験を行わなくても最低限度の実

表7 「直列・並列回路の抵抗の性質（全体抵抗）実験方法」PW と GW＆CW
（生徒36人）

分類項目	NO	実験方法	PW	GW&CW
回路で使用する機器	1	回路を作るとき豆電球を使う	0	0
	2	回路を作るとき抵抗器を使う	35	36
	3	回路を作るとき抵抗器と豆電球の両方を使う	1	0
直列回路の電流計	4	1つ目の豆電球の前に設置する	36	35
	5	1つ目と2つ目の豆電球の間に設置する	25	0
	6	2つ目の豆電球の前に設置する	24	0
	7	その他	0	0
直列回路の電圧計	8	1つ目の豆電球の両端に設置する	29	35
	9	2つ目の豆電球の両端に設置する	27	0
	10	1つ目と2つ目の豆電球の両端に設置する	33	0
	11	電源の両端に設置する	23	35
	12	その他	1	0
並列回路の電流計	13	豆電球の分岐点の前に設置する	32	35
	14	豆電球に分岐した上側に設置する	31	35
	15	豆電球に分岐した下側に設置する	20	0
	16	2つの豆電球が合流したところに設置する	21	0
	17	その他	0	0
並列経路の電圧計	18	上側の豆電球の両端に挟んで設置する	31	0
	19	下側の豆電球の両端に挟んで設置する	20	0
	20	豆電球に分岐する前と後の両端を挟み込んで	24	0
	21	電源の両端を挟み込んで設置する	21	33
	22	その他	1	0
完全正解	23	NO 2、4、8、11、13、14、21の回路のすべてを調べる	7	
考え方	24	合成抵抗を求めるとき1つの回路として考える	11	33

験回数でデータを求め、そのデータからいろいろな部分の数値を導き出せる
と考えたのである。この考え方は、授業者自身で試行錯誤を繰り返してきた
からこその発想である。

　さらに、この生徒たちは、回路全体の抵抗（合成抵抗）を求めるには、「抵
抗器2つの回路を抵抗器1つの回路とした」ととらえ、回路の電流と電圧を
調べることでオームの法則で求めることができると考えた。画期的な実験方
法を考えた生徒と抵抗器2つを1つにして考えると解答した生徒は同様の思
考方法であり、この7人が中心になってCWが進んでいくことが多かった。
考察PWを見ると正解は12人であった。完全正答とした生徒の考察は、「直
列回路の全体の抵抗は、各部分の抵抗の和である」と「並列回路の全体の抵
抗は、各部分の抵抗よりも小さくなる」の2つの内容が書かれていた。　誤
答内容を見ると、直列回路の全体の抵抗の性質は正解で並列回路の全体抵抗
について「各部分の抵抗の大きい数値から小さい数値との差である」と答え
た人数は6人、「各部分の抵抗の半分の数値になる」と答えた人数は2人で
あった。実験データでの計算式のみで書かれている考察が4人、直列回路の
全体の抵抗だけは書けるが、並列回路の全体の抵抗の性質が書かれていない
考察を記述した生徒が12人いた。

　このことから、直列回路の全体の抵抗の性質は、ほとんどの生徒が発見す
ることができたといえる。しかし、並列回路の全体の抵抗の性質については、
数値から「各部分抵抗よりも小さくなる」ことを見いだすことができない生
徒が多かった。その後、考察GW&CWを行ったことで、まとめPWで全員
の生徒が全体抵抗の規則性を理解することができた。そのときのCWの生
徒の発言内容表したのが図5である。

　生徒F（波線の部分）が、並列回路の全体の抵抗の性質が「各部分の抵抗
の大きい数値から小さい数値との差である」と考えた生徒の意見である。生
徒Gの実線の部分がそれに対しての反対意見となっている。実験結果の数値
から考えると、並列回路の全体抵抗は、各部分の抵抗の大きい方から小さい

方の差で求めることができるのであるが、本当はそうではないことに気付いていく内容である。

　そして、最後の司会Bの意見でさらに考えが深まっていく様子が見られる。このように意見が深まった後、教師が授業のまとめを行い、回路全体の抵抗のことを「合成抵抗」ということや直列・並列回路の合成抵抗の性質、その公式を確認した。これらのことから、まとめPWは全員が正しい解答を自分自身の言葉で書き表せることができた。

　そして、授業の終末段階で、単元を貫く学習課題である「エコキューブをなおすために、謎の回路を組み立てよう」と問いかけた。

　単元を貫く学習課題に対して、合成抵抗から正しい回路を答えられた生徒は36人中35人となった。このことから、今回の単元を貫く学習課題を生徒が

司会Aでは、直列の時の合成抵抗が30Ωになったのですが、この実験では2つ抵抗を使っていて、本当は3つ使って30Ωにしたいのですが、この実験から規則性というか性質を見つけられれば3つの時でもできると思うのですがどうですか。誰か規則性という考え方がある人は答えて下さい。」
　　　　「2つの結果からでいいです。」
生徒F「直列の場合では10Ωと20Ωの2つで30Ωになるということは10＋20で30Ωになるのだと考えます。<u>並列では、10Ωなので、20－10なんで10Ωになると思います。</u>このことから直列ではプラスになり、並列ではマイナスになるのだと思います。」
　　　　「抵抗、抵抗、合成抵抗…です。」
生徒G「20Ωと10Ωを使ってマイナスになって10Ωになるということなんですけど、もし20Ωを2つ使って回路をつくったら抵抗は0Ωになるのですか」
生徒F「そうだと思います」
司会A「抵抗が2つの時はこの式が当てはまるのですけど、3つになったときは、2つのやつ…、20Ωを3つ使ったとしたら20＋20＋20になるのですけど」
生徒F「そう思います」
司会A「他に発表ありますか」
司会B「直列につないだ時の合成抵抗は、その量の抵抗が足されて、その量になったのだと思います。並列の方は誤差があってわからなかったんですけど、直列の合成抵抗よりも値が小さくなるのだと思います。全部の結果を見ても直列回路の時よりも並列回路の時の方が、合成抵抗が小さくなると思います。」

図5　「直列・並列回路の抵抗の性質（全体抵抗）」考察CWの話し合い活動

自分自身で導き出した規則性から確実に理解できていることがわかった。

4 実践の成果と課題

　本実践では、1つの単元を貫いた課題を通して、生徒の思考力を育成する授業に取り組んできた。導入の授業で単元を貫く学習課題を提示し、技術科で学習した内容を取り入れたり、様々な学習形態の工夫を図ったりした。さらに、五感で学ぶことが難しい題材を取り扱い、問題解決的な学習の実践を試みた。この結果、以下の点が明らかとなった。

　①単元のスタートになる授業で導入として単元を貫く学習課題を提示することで「なぜだろう」という疑問を抱くことができ、主体的に疑問を見付けることができた。疑問を見つけるということは「わからないところは何だろう」と生徒が自分自身と向き合うことであり、意外と普段からできていないのではないと気付かされた。「わからない」＝「めんどくさい」で終ってしまう傾向があったが、CWでじっくり考えさせることで疑問の共有と深く考える雰囲気づくりができることがわかった。

　②生徒による単元を貫く学習計画作りについては、十分に考える時間を保障したことで、生徒自らの力で解決方法を考えることができた。しかし、36人全員が理想的な解決方法を導き出せるわけではない。目的である学習課題がなぜそのような課題になったのか、どのような解決策で実験してきたのかが時間が経つにつれて忘れてしまう生徒が多かった。生徒は、前回の課題で解決した方法で次の課題も解決しようとする傾向が強かった。その一方で、前回の課題で解決した内容（既習内容）を確実に活用できた生徒は少なかった。しかし、既習の学習内容が繋がって思考できる生徒は、高次元な考え方や解決方法を導き出すことができ、これこそが「単元を貫く学習課題」の効果と考えられる。問題解決方法を見ると、比較することに関してはどの生徒も予想することができるが、どのように調べると効率化が図れるかとか、どこを

調べると解決することができるか等、解決するときの視点を示して指導する必要があった。

　③生徒には、学習形態は PW → GW → CW という一連の学習の流れが習慣化していた。このことは、すべての授業において効果が発揮された。しかし、後半の合成抵抗の規則性を発見する授業になってくると、いつも課題を解決するメンバーが決まってきて、課題が難しくなることで徐々に固定化する傾向を感じた。学習形態の流れが習慣化することはマンネリ化につながる可能性がある。エコキューブをなおすための回路作りの問題は、ほぼ全員が正解することができた。しかい、そこに行くまでの解決方法を考える段階で、多くの生徒が関わり、達成感や充実感を得られることが重要である。

　④考察 PW から考察 GW&CW を行うことで生徒一人一人が数値から自然の法則を　意欲的に見つけようとする取り組みができた。そして、解決できなかった生徒も他の生徒の考えを聞くことで、新たな考えにたどり着くことができた。「まとめ」では、生徒が自分が学んだことを正しく書くことで、授業で学んだことがしっかり理解できることにつながることを確認をすることができた。しかし、後半の課題になるほど、考察 PW において正しい解答にたどり着く生徒が減っていることがわかった。今後は、これまで以上に考察 PW の質を高める必要がある。高次元の思考を引き出すには、より多くの生徒を考察 PW において、正解に近づけていく必要がある。

　本章では、「単元を貫いた学習課題」の在り方と生徒による学習課題つくりから、様々な学習形態の活動を通して、生徒が深い学びをひき出し、思考力を高める実践を進めてきた。その結果、「単元を貫く学習課題」は、学習意欲を喚起し、思考力を高めるきっかけとなるだけでなく、生徒自身が疑問や弱点と向き合う機会や雰囲気作りにも役立つことがわかった。また、生徒による学習計画つくりを行うことで、生徒がじっくりと大きな疑問に向き合う姿勢も見られた。学習形態の工夫と習慣化で、友だちの意見を取り入れた新しい考えを引き出すこともでき、言語活動の重要性の再確認もできた。そ

して、この学習活動を繰り返し、すべての疑問を解決していくことで、より高次元な思考に結びつく生徒が見られるようになった。

しかし、学習形態の習慣化により、後半になればなるほど高次元な思考と解決の糸口となる意見は、理科を得意とする一部の生徒に偏り出した。これでは、生徒が「深い学び」に向かっているとは言い難く、単に自然事象を明らかにするだけが目的の授業ととなってしまう。生徒があたかも自分で発見し、自分で解決する体験を提供できるような授業づくりにするには、短いスパンで「単元を貫く学習課題」を作り、生徒が粘り強く取り組めるような課題が必要である。

さらに、生徒の興味・関心を継続させる学習計画作りの支援、及び考察の質を高める思考操作ができる授業の工夫・改善が求められている。つまり、効果的な思考指導するためには、質の高い思考を喚起するための動機づけや継続的な意欲付けが重要な方法の一つとなる。そして、そこにこそ「深い学び」に近づくヒントがあるのではないだろうか。

【引用・参考文献】

打越正貴、島本晃宏「生徒の思考力を育成するための理科学習の工夫改善―自分なりに問題解決するための見方や考え方を育てる指導を通して―」、茨城大学教育学部紀要（教育科学)』、第65号、2016年。

文部科学省「次期学習指導要領等に向けたこれまでの審議のまとめについて（報告)」、中央教育審議会初等中等教育分科会教育課程部会、2016年8月26日。

第9章 課題対応能力を育成するための工夫・改善
―「カリキュラム・マネジメント」による思考の共有化を通して―
（小学校）

　本実践は、総合的な学習の時間において、「カリキュラム・マネジメント」
の手法を基に、課題対応能力を高めるための思考の共有化について、「アク
ティブ・ラーニング」や「キャリア教育」の視点を生かした取り組みである。
　ユーリア・エンゲストロームは学習活動について「個々バラバラの要素を
システム的な活動の文脈の中で分析、統合し、それらを創造的解決を要する
矛盾へと転換し、それらを文化－歴史的に社会的な生産的実践のなかで、質
的に新しい活動構造へと拡張し、普遍化する」こととととらえている。このこ
とについて、山住勝広は「拡張的学習は『カプセル化』された学校学習を学
び手の生活活動の『生きた道具』へ転換しようとする学習活動」であると述
べている。加えて、山住は「総合的な学習が向かわなければならないのは、
バラバラに細分化され、そこに新たな課題が累積的に導入されていく教科学
習を統合化し、『教科』と『総合』からなる学校の発達的なカリキュラム統
合を水平的にも垂直的にも推し進めることなのである」と主張している。
　山住は拡張的学習の考え方を取り入れることで、価値や意味の創出を目指
した総合的な学習の必要性を認め、様々な実践と検証を行っている。しかし、
総合的な学習と教科学習の有機的な関連づけや動機付けの具体的な実践と検
証方法については十分に明らかにされていない。そこで本章では、総合的な
学習の時間のカリキュラム・マネジメントを通して、教科学習等と総合的な
学習の時間を有機的に関連づけ、思考の共有化を図ることで児童の課題対応
能力を育成するための効果的な在り方について考察したいと考えた。
　筆者らはこれまで、思考力の育成について、学習意欲の動機付けや思考の

共有化の観点から、様々な指導方法の実践を試みてきた。その実践において課題として浮かび上がったのは、学習の基盤となる学級集団づくりと話合い活動を進める上での時間的な制約、そして、他者の視点を生かした課題能力の育成であった。

　本実践では、これまでの研究で浮かび上がった課題について、文部科学省が2015年に公表した中央教育審議会教育課程特別部会「論点整理」におけるアクティブ・ラーニング推進の視点（以下、「論点整理」）、及び、2010年に公表した中央教育審議会キャリア教育・職業教育特別部会「今後の学校におけるキャリア教育・職業教育の在り方について」における基礎的・汎用的能力の視点を生かし、総合的な学習の時間において効果的に課題対応能力を育成したいと考えた。「論点整理」では、「問題発見・解決を念頭においた深い学びの過程」や「対話的な学びの過程」をより重視している。同様に、キャリア教育では、将来の社会的自立に向けて、各教科等にキャリア教育の視点を取り入れることを重視している。そこで、本実践では、各教科の学びと実社会を結びつけ、人間関係形成・社会形成能力や自己理解・自己管理能力を基盤とした課題対応能力を育成していくことを目指した。

1　実践の方法と内容

（1）学級集団のとらえかた

　学級の雰囲気は、授業をより実りあるものにするために欠かせない。なぜなら、学級は多様な児童から構成されているからである。そのため、児童の実態を適切な方法で把握し、的確な手だてを施し、教育目標を達成するための学級集団にすることが重要になってくる。

　筆者らが、学級づくりの手法で着目したのが、田中博之による学級力向上プロジェクトである。田中は児童自らによる自己マネジメント力の育成を提唱している。自己マネジメント力とは、R－PDCAサイクルに沿って、教

科学習や学級での生活を自分たちでふり返り、改善する能力である。

　田中の提唱する学級力向上プロジェクトの手法は、本章のテーマである課題対応能力を児童一人一人に育成するためにも、欠かせない。また、「論点整理」でも述べられているように、児童は対話的な学びの過程を通して、能動的に学習に取り組み、自らの考えを広げ、深めていく。しかし、多様な児童から構成された学級において、対話が成立するためには、学級が支持的風土で築かれ、一人一人が相互に高め合う絆を備えていることが求められる。そこで、本実践では、課題対応能力を促進するための学級づくりにあたって、特別活動の学習の中で適時、自己が所属する学級をふり返る機会を設定して、課題対応能力を育成するための基盤となる学級づくりを育成することにした。

① 課題対応能力のとらえかた

ア　課題とは

　石井英真は「第一に重要なのは、既有の知識・技能を総合して思考する必然性があり、子どもたちが取り組んでみようと思える課題を設定すること」と、学習者主体の課題の必要性を述べている。「論点整理」の中では、（アクティブ・ラーニングに必要な条件として）主体的な学びの過程の中で「見通しを持ってねばり強く取り組むこと」と示している。

イ　課題に対する動機付け

　児童が学習に対して、見通しをもち、主体的にねばり強く取り組むためには、児童が学ぶ内容について興味・関心をもち、学びたいという切実感をもてるかどうかが大きな鍵となる。さらにどのようにして、その環境を授業者が整えるかということも重要になってくる。筆者らは、これまでの実践の中で、児童が意欲的に学習に取り組むために、授業者の適切な動機付けが学習者にとって欠かせないことを理解した。学習環境を整え、適切な動機付けを図ることで、児童は自らの経験と照らし、対話を通して、自らの課題を見いだし、課題の解決に向けて努力し始めるからである。

ウ　課題対応能力

　本実践では、小学校においてキャリア教育の視点を取り入れ、児童が立てた課題に対応する力の育成を試みた。下記の表1は、中央教育審議会キャリア教育・職業教育特別部会が示したキャリア教育における課題対応能力の具体的な要素である。

　キャリア教育をめぐっては、授業の中で児童に将来の職業について職業の決定を迫らせ、職業調べの学習に陥る傾向や職場体験学習の活動もって、キャリア教育を実施したととらえる傾向も見られる。小学校段階で求められるのは、近い将来、社会で自立して生きていくための基盤形成のための能力である。したがって、発達段階に応じて、実効性を高める実践を積み重ねていくことが大切である。

　課題対応能力を育成するにあたり、配慮すべきは、各教科等の学習内容を児童にとって意味のある問題へと構成することである。単に習得から活用へと学習活動を展開するのではなく、児童が自分自身のこれまでの経験や社会との結びつきを認識して、学びたいと思える問題を設定することである。そこで、本実践では、意欲的に学ぶ学級集団の中で、児童が不思議に思い、疑問に感じたことについて対話を通して考えを広め、課題を自ら発見し、対応する能力を育成することを図ることにした。

（2）「カリキュラム・マネジメント」のとらえかた

　本実践では、児童が能動的な学習を展開しながら、課題対応能力を育成するために「カリキュラム・マネジメント」の視点を生かして取り組むことにした。2014年3月公表の論点整理に先立ち、中央教育審議会は、高大接続答申において、学力の三要素を次の表2のように示した。

表1　キャリア教育における課題対応能力の具体的な要素

① 情報の理解・選択・処理等　② 本質の理解　③ 原因の追及
④ 課題発見　⑤ 計画立案　⑥ 実行力　⑦ 評価・改善

本答申で強調されていることは、①では「主体性・多様性・協働性」であり、②では「自ら課題を発見し解決すること」である。これらを達成するためには、学習者の高い意欲と良質な学習者同士の関わり合いが必要となってくる。小学校で学ぶ児童においては、将来に渡ってよりよく生きていくため、発達段階を踏まえて、児童が自ら課題を見つけ、能動的に学習に取り組み、資質・能力が育成される学習になるカリキュラムを編成していく必要が求められる。

　文部科学省は「論点整理」の中で、カリキュラム・マネジメントを三つの側面からとらえている。次の表3はカリキュラム・マネジメントの三つの側面についての抜粋である。

　西岡加名恵は能動的な学習に必要な視点として、「与えられた枠づけの中で学習を進める教科と、学習の枠づけ自体を学習者たちが決定・再構築する

表2　学力の三要素

①　これからの時代に社会で生きていくために必要な、「主体性を持って多様な人々と協働して学ぶ態度（主体性・多様性・協働性）」を養うこと。
②　その基盤となる「知識・技能を活用して、自ら課題を発見しその解決に向けて探究し、成果等を表現するために必要な思考力・判断力・表現力等の能力」を育むこと。
③　さらにその基盤となる「知識・技能」を習得させること。

表3　カリキュラム・マネジメントの三つの側面

①　学校の教育目標を踏まえた教科横断的な視点で、その目標の達成に必要な教育の内容を組織的に配列すること。
②　子どもたちの姿や地域の現状等に関する調査や各種データ等に基づき、教育課程を編成し、実施し、評価して改善を図る一連のPDCAサイクルを確立すること。
③　教育内容と、教育活動に必要な人的・物的資源等を、地域等の外部の資源も含めて活用しながら効果的に組み合わせること。

総合学習・特別活動においては、能動性に違いがある点を踏まえた検討が必要である」と述べている。また、石井は、発達段階をふまえたカリキュラム・マネジメントを実践するにあたって、「各教科の本質的な内容を軸にしつつ、各教科固有の味方・考え方の中身を汎用的スキルとの関係で再検討していく形が妥当」であるととらえている。これらのことから、本実践では、今日的な教育課題をふまえた上で、各教科と領域を有機的に結びつけ、課題対応能力の育成を目指した効果的な指導の在り方について、実践的な考察を加えていきたい。

2　学級活動

(1) 対象学年：小学校6年生（平成28年9月12日実施）

(2) 単元名　レーダーチャートをもとに学級生活の課題について話合い、学級力を向上させよう！

(3) 単元の学習計画（10時間扱い）
　下記の表4は単元の学習計画、表5は教師の主な指導内容である。

(4)　目標　レーダーチャートをもとに話合い、今後の学級生活で必要なことを考えられる。

(5)　展開　（8時間目／10時間）　下記の表5は単元の学習計画である。

(6) 評価基準
　これからの学級生活で必要なことについて、話合いに意欲的に参加して考えることができる。

表4　単元の学習計画

①	4時間	・学級目標を考えよう。	⑤	1時間	・2学期の学級生活をふり返り、生活を見つめ直そう。
②	1時間	・1学期の学級生活目標を考えよう。	⑥	1時間	・3学期の学級生活目標を考えよう。
③	1時間	・1学期の学級生活をふり返り、生活を見つめ直そう。	⑦	1時間	・3学期の学級生活をふり返り、生活を見つめ直そう。
④	1時間	・2学期の学級生活目標を考えよう。			

表5　教師の主な指導内容

学習活動及び教師の主な指導内容	活動形態
1　本時の課題を確認する。	一斉
2　レーダーチャートを見て気付いたことを発表する。	一斉
3　課題の解決のための方法を考える。	一斉（評価）
4　次時の活動を確認する。	一斉

（7）本時の実践

　本時は5月と9月に実施した表8の学級力アンケートを集計したレーダーチャートをもとにして話合い活動を展開した。下記表6は、学級力アンケートの内容である。

　次の表7は、本時はレーダーチャートを基にした話合い場面の抜粋である。

（8）考察

　児童に提示したレーダーチャートは内側が5月上旬、外側が9月中旬に実施した学級力アンケートの結果を示したものとなっている。5月の結果を見ると、「聞く姿勢」や「学習」、「尊重」に課題が見られた。特に「授業中に

表6　学級力アンケート

※4とてもあてはまる　3少しあてはまる　2あまりあてはまらない　1全く
あてはまらない

【目標をやりとげる力】

① みんなで決めた目標やめあてに力をあわせて取り組んでいる学級です。

② 自分たちの学習や生活をよくするための話し合いや活動をしている学級です。

③ 係や当番の活動に責任を持って取り組む学級です。

【話しをつなげる力】

④ 発言している人の話をしっかりと聞いている学級です。

⑤ 友だちの話に賛成・反対・つけたしとつなげるように発言している学級です。

⑥ 話し合いの時、考えや意見を進んで出し合う学級です。

【友だちを支える力】

⑦ 勉強・運動・そうじ・給食などで、教え合いや助け合いをしている学級です。

⑧ すなおに「ごめんね」と言って、仲直りができる学級です。

⑨ 「ありがとう」を伝え合っている学級です。

【安心をうむ力】

⑩ 友だちのよいところやがんばっているところを伝え合っている学級です。

⑪ 友だちの心を傷つけることを言ったり、からかったりしない学級です。

⑫ だれとでも遊んだり、グループになったりすることができる学級です。

【きまりを守る力】

⑬ 授業中にむだなおしゃべりをしない学級です。

⑭ ろうかを走らない、あいさつをするなど、学校のきまりを守っている学級です。

⑮ 校外では人の迷惑にならないように考えて行動できる学級です。

むだなおしゃべりをしない学級」の学習項目で約50％の児童がむだなおしゃべりがあると回答していた。能動的に学習に取り組み、対話が成立するためには、多様な児童から構成された学級において、学級に支持的風土が築かれ、一人一人が相互に高め合う絆を備えていることが求められる。１学期はアンケート結果を全体で共有して、それぞれの課題について改善策を考えた。そ

表7　学級力アンケートの結果を基にした話合い活動

> T授業者　C1～C7児童
>
> C1　グラフを見ると、1学期よりも聞く姿勢がとてもよくなってきたと思います。
>
> C2　ぼくも、C1さんと同じで、だいぶよくなったと思いました。
>
> C3　1学期は話している人の方を向いて聞いていない人もいたからね。
>
> C4　グラフの中では一番よくなったと思います。
>
> T　先生もね、グラフの結果を見て、すぐに、みんなと同じように思いました。みんなが気をつけて　生活してきたからじゃないかな。ほかに、気づいたことはありますか。
>
> C1　学習が少しだけよくなったと思います。聞く姿勢に比べれば、まだまだだけど。
>
> C5　ぼくは、聞く姿勢は1学期よりもよくなっていると思っていました。グラフの結果で見るとそれ　があまり出てないような気がします。
>
> C3　わたしも、どうしてかなと思いました。
>
> C2　まわりと小さい声で相談していることもおしゃべりだと思った人がいるんじゃない。
>
> C4　あー、そうかもしれない。わたしも、わからないときは隣の人に小声で聞いたりするから。
>
> C6　じゃあ、次からわからないことや気になることがあったら、その場で先生に質問したり、みんな　に聞いてみればいいんじゃないですか。
>
> C1　そうだね。じゃあ、こうすればよくない。授業中にがんばることを、毎月決めるとか。とりあえ　ず、今月は「わからないことがあったら、質問をして、自分の考えを1学期より言えるようにす　るとか。」
>
> C7　それ、ぼくもいいと思います。そうしたら、1学期よりグラフの結果もよくなると思います。
>
> C5　先生、あと、このグラフ、2学期中にもう1度作りませんか。そうすれば、早めに自分たちでも　直せるところがわかると思います。
>
> C6　ぼくも、C5さんの考えがいいと思います。そしたら、みんな今よりももっと意識して生活でき　ると思います。

して、９月中旬に第２回目のアンケート調査を実施した。第２回目のアンケート調査のレーダーチャートは外側の線で示した。

　児童は９月と10月の結果を比較して、全体としては向上のあとが見られるが、学習や尊重の項目が全体に比べ、やや劣っていることに気づいた。児童は視覚化されたグラフから情報を読み取り、学級の課題を把握し、解決に向けて解決策を出し合いながら話合い活動を展開した。そして、話合いの中で、３回目のアンケート調査の必要性を授業者に提案した。

　表１のアクティブ・ラーニング推進の視点では「自らの学習活動を振り返って次につなげる、主体的な学びの過程」を挙げている。したがって、本授業では、児童は他者の視点を生かしながら改善策を出すことができたのである。このことは、まさに、児童が課題対応能力を促進している場面と考察することができる。

3　総合的な学習の時間（外国語学習と結びつけた実践）

（1）対象学年：小学校６年生

（2）単元名　修学旅行の見学場所を知り、学習課題を話合い、課題を明らかにしよう

（3）単元の学習計画（23.2時間扱い）　下記の表８は単元の学習計画である。

（4）指導の実際及び考察・１
「鎌倉・東京修学旅行の行程を知り、学習課題を設定する。」（平成28年９月21日実施）
ア　目標　修学旅行の内容を知り、疑問点を発表し合い、学習課題を立てる。
イ　展開　本時の展開を下記の表９のように実施した。

表8　単元の学習計画

時間数	学習活動及び内容	教科等
2時間	・鎌倉・東京修学旅行の行程を知り、学習課題を設定する。	総合的な学習
1時間	・外国人観光客へのインタビュー内容を考える。	総合的な学習
1時間	・外国語担当者にインタビューの会話表現を教えてもらい、会話を練習する。	外国語活動
5時間	・鎌倉グループ散策の活動内容と計画を立てる。	総合的な学習
1時間	・鎌倉グループ散策の計画を改善する。	総合的な学習
6時間	・鎌倉グループ散策をする。（外国人観光客へのインタビュー含む）	総合的な学習
1時間	・鎌倉グループ散策報告会を実施。（外国人観光客へのインタビューをふり返る）	総合的な学習
1時間	・外国人講師に現地でのインタビューの様子を報告し、アドバイスをもらう。	外国語活動
3時間	・学習発表会に向けて、一人一人が学んだ内容をまとめる。	総合的な学習
0.2時間	・地域公開の学習発表会で学習の成果をパワーポイントで発表する。	総合的な学習
1時間	・学習発表会の様子を視聴して、学習をふり返る。	総合的な学習
1時間	・学習発表会の様子を視聴して、学習をふり返る。	総合的な学習

ウ　評価基準

「修学旅行に向けて内容を知り、疑問点を発表し合い、学習課題を立てることができる。」

エ　実践について

　修学旅行は日常生活から離れ、児童と児童が新たな交流を通して、生涯忘れられない思い出をつくる場である。さらに、他者と協力・協働して、自らの役割を果たすことで、自己有用感を高め、学習を深める機会になる。従来

表9　展　開

学習活動及び教師の主な発問・指示	活動形態
1　本時の課題を確認する。	一斉
2　修学旅行の内容と鎌倉グループ散策について知る。	一斉
3　疑問に思ったこと、知りたいことを話合う。	個別（評価）
4　解決のための方法を考える。	個別
5　次時の活動を考える。	個別

の集団宿泊的行事は、活動内容を全て教師側で設定し、児童は計画に従って活動するだけで、ややもすると観光旅行になる傾向が見られた。本単元の実践にあたっては、外国語の時間と関連づけ、児童が主体的に取り組むための手だてを取り入れて実践を図った。特に、1日目の鎌倉グループ散策では、児童が鎌倉の自然や文化的資源を最大限に利用し、学校での学習を充実・発展させるため、鎌倉市内での活動時間を6時間に設定した。活動に十分な時間を保障することで、児童は、市内の様々な歴史的建造物を見学する時間を確保し、見学先や移動手段、時間配分等をグループ内で考え、計画を立てることが可能となった。

　事前学習にあたっては、総合的な学習の時間を用いて、課題解決のための活動計画を立てる時間を設定した。児童は関連する書籍や資料、ウェブサイトを効果的に用いて、探究的活動を展開した。そして、グループの活動計画を改善するために、中間発表会の機会を設定した。そうすることで、他のグループのよさを自分の所属するグループの活動計画に取り入れ、改善することができると考えたのである。また、事後学習として、地域公開の学習発表会で学習の成果を発表する機会を設定した。なぜならば、事後学習の発表に備えて、課題の設定から計画立案、実践までをふり返ることで、自分たちの課題解決過程を見つめ直し、自主的・実践的な態度を養うことができると考えたからである。

　表10は、本時の実践において、授業者が事前調査で撮影した鶴岡八幡宮の

表10 鶴岡八幡宮の写真を見た児童の話合い活動

T授業者	C1〜C9児童

C1　鶴岡八幡宮の写真にはたくさんの外国人が写ってます。どうしてですか。
C2　あっ、本当だ。髪の色が日本人と違う人が多い。
C3　顔も日本人とはだいぶ違うと思います。
C4　背が高い人もいるよ。先生、写真の右側にもいます。
T　　そうだね。写真をよく見ると、たくさん外国の人がいるね。どうしてだと思う。時間を少しとるから、考えてみてください。
C1　日本の文化に興味があるから来たんじゃないですか。
C5　鎌倉が京都と同じくらい有名だからじゃないですか。
C2　ぼくは、外国は危険だけど、日本は安全だから、だから観光に来たんだと思います。あと、日本語を勉強しているからついでに来たんだと思います。
C1　えーと、私たちが外国に勉強や遊びに行くのと同じで、外国の人たちも日本に勉強や遊びで来ているんだと思います。
C4　私は、何か理由があって、日本をもっと知りたいんだと思います。たとえば、日本食が好きだとか。
C6　ぼくは日本の文化を見に来ているんだと思います。自分の国とどう違うとか知りたいんだと思います。
C1　私もそう思います。日本の文化や技術、歴史が好きで日本に来たんだと思います。
T　　日本の文化って、たとえば、なんですか。みんなどんなものか分かるかな。
C1　たとえば、アニメとかマンガとか。日本のアニメが好きな外国人が日本に来てるって、だいぶ前、テレビで見たことがあります。
C7　あー、それなら、ぼくもテレビで見たことがあります。あとは、日本食が好きだとか。
C2　へー、そうなんだ。みんな色々考えて、話しているけど、本当にそうなのかな。
日本に来る理由と鎌倉に来る理由は違うように思います。
T　　そうだよね。本当に日本文化に興味があるから来てるのかな。それとも、アニメに興味があって来てるのかな。鎌倉はどんな理由なんだろうね、確かめてみたら。
C3　えっ。先生、確かめられるんですか。どうやって確かめるんですか。
C1　観光客に聞いてみればいいんじゃない。
C9　だって、私たちそんなに英語、話せないよ。
C1　今まで習ってきた英語でなんとか質問できるんじゃない。あとは、ジョセフ先生に教えてもらうとか。

写真を児童に提示した際、児童から出た疑問点をめぐって交わされた話合い活動の様子である。

　その後、児童の話合いは活発に展開され、次の時間に鎌倉を訪れている外国人観光客に現地で質問する内容を考えたいという結論に至った。そして、観光客にもわかりやすく、児童にとっても表現しやすい英語表現を外国語担当の講師に教えてもらうという具体的な活動内容へと展開した。次の図1は質問項目を英語で表現する方法を学んだ時の黒板の板書内容の一部である。

オ　考　察

　授業者は修学旅行のオリエンテーションの中で外国語の学習を有機的に関連づけ、学校で学んでいる外国語学習をさらに充実・発展させる意図をもって、児童に向けて鶴岡八幡宮の拡大写真を掲示した。すると、写真を見た児童の中から次々に疑問点が挙がった。

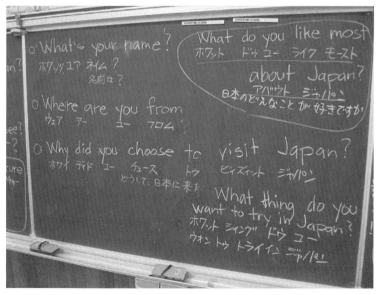

図1　質問項目を英語で表現する方法

ここでは、児童はキャリア教育における課題対応能力の具体的な要素の「情報の理解・選択・処理等」を働かせて、写真から情報を選択・処理しながら、発言したと考察することができる。発言の中には、身体的特徴として、髪の色や背、顔の違いなどを挙げている児童が見られた。これらの発言を受けて、授業者は児童が課題を発見して、解決に向けて意識を働かせていることを見取り、写真の示している本質の理解から原因の追及に向かう意識を支援するため、「どうしてだと思う。時間を少しとるから、考えてみてください」と問いかけた。これは学級全体の児童に考える時間を与え、「論点整理」で重視されている「問題発見・解決を念頭においた深い学びの過程」「対話的な学びの過程」を意識して、生活経験と照らして考える時間を保障したのである。学級の中には自分の考えをすぐに発言する児童ばかりではない。他者の考えを聞いて自分と比較して発言する児童、資料をじっくり見て自分の体験をもとに考える児童など様々である。そのため、話合いの中で考える時間を保障することは、対話的な学びの過程を充実させる上で有効に働くのである。　考える時間を保障した後、外国人観光客が訪れる理由として、文化が挙げられ、生活経験を基にして、具体的な内容として日本食やアニメ、歴史などが発言され、問題の解決を探る姿が見られた。しかし、その一方でC２は「へー、そうなんだ。みんな色々考えて、話しているけど、本当にそうなのかな。日本に来る理由と鎌倉に来る理由は違うように思います」と疑問を投げかける発言をした。授業者はその発言を受けとめ、「確かめてみたら」と、発言した。児童の意識を課題解決へと向かわせたのである。すると、日頃の外国語学習を生かして質問するという意見や外国人講師に英語の表現を学ぶという意見が出た。

　キャリア教育の視点を生かし、課題対応能力を育成するにあたって、配慮すべきは、各教科等の学習内容を児童にとって意味のある問題へと関連づけ、構成することである。本時は、鶴岡八幡宮を訪れる外国人観光客の多さに気付いた児童の発言を取り上げ、情報の本質を理解させ、課題発見から解決に

向かう意識の道筋を丁寧に見取ることで、課題対応能力を促進させることができたと考えられる。

(5)　指導の実際及び検証・2

「外国人観光客へのインタビューをふり返ろう」（平成28年10月20日実施）

ア　目標　外国人観光客へのインタビューをふり返り、改善点を考える。

イ　展開　本時の展開を下記の表11のように実施した。

ウ　評価基準

　外国人観光客へのインタビューをふり返り、改善点を考えることができる。

エ　本時の実践について

　児童は鶴岡八幡宮に到着すると、外国人観光客がなぜ多く訪れるのか、課題を解決するために、自ら外国人観光客に声をかけ、用意したインタビュー用紙を見ながら質問をスタートした。

　質問を始めると、ほとんどの外国人観光客は好意的に応じてくれた。そして、インタビューを開始して予想以上に驚いたのは、自分たちの英語表現が相手に通じることだった。児童はインタビューを重ねる度に自信を深め、課題の解決過程を楽しんだ。修学旅行前に児童が疑問に思っていた、鶴岡八幡宮に外国人観光客が多く訪れる理由が大仏や寺を見るためであることがわかった。さらに、インタビューを続けると、観光客の中にはアニメや日本食に

表11　本時の展開

学習活動及び教師の主な発問・指示	活動形態
1　本時の課題を確認する。	一斉
2　外国人観光客へのインタビューのふり返りをワークシートに記入する。	一斉
3　グループの代表者が一人ずつ発表する。発表後、各グループ内の視聴者はアドバイスをする。	個別（評価）
4　次時の活動を考える。	個別

魅力を感じてドイツやロシア、フランスからも訪れ、多様な国々から観光客が来ていることもわかった。児童は予想外の外国人観光客の回答に驚きながら、熱心にメモを取り、インタビューを続けた。一方で、短い旅行日程の時間的な制約から、観光客に用意しておいた質問全てに回答してもらえない

図2　インタビューの様子

場面も見られた。児童は相手の事情も考えて、関わらなければならないことを理解した。当日の夜、鎌倉グループ活動について、ワークシートに考えを記入し、ふり返りを実施した。上記の図2はインタビューの様子である。

　ここでは、鶴岡八幡宮でのインタビューのふり返り場面を取り上げる。表12はその時の発表の様子である。

オ　考察

　修学旅行に出発する前に英語学習について簡単なアンケートを実施した。その結果が次の表13である。

　ここでは、抽出児として、C10を取り上げて実践について考察する。C10を取り上げた理由は次の通りである。C10は項目1「すすんで英語で表現する勉強をしていたか」を問う質問に対して、「思わない」と回答している。さらに、C10は項目2の英語表現に対して、どちらかと得意でも苦手でもないと回答している。これらの回答から、C10は英語を苦手としていないが、これまですすんで英語の表現活動に取り組んできていないことが考えられる。

　学校で学ぶ学習内容について教育効果を達成するためには、児童が学ぶ内容について興味・関心をもち、学びたいという切実感をもてるかどうかが大きな鍵となる。本章におけるテーマは各教科等と総合的な学習や特別活動との有機的な関連を通して、課題対応能力の促進を図ることである。C10の学

表12　外国人観光客へのインタビューふり返り活動

C 1	ぼくは最初は本当にできるか不安でした。でも、やってみてよかったです。何より楽しかった　　　　　です。質問が終わった後、外国人の人が自分たちに質問を返してくれたことがうれしかったです。
C 2	えっと、ぼくは発音とか通じないところもあったけど、最終的には通じたので、うれしかったです。そして、一度質問をすると、たくさん話してくれたので、外国人とたくさん触れあいたいと思うようになりました。今回の会話は将来的に役立つと思います。
C 3	外国人が優しく教えてくれたのでよかったです。ロシアから来た男性は私たちが写真を一緒にとってくれるようにお願いすると、好意的に協力してくれました。私は英語をもっとがんばりたいです。
C 4	私のグループでは、3人の外国人にインタビューしました。3人ともとても優しくて、　とてもていねいな行動をとってくれました。そういう外国人に質問したのはよい経験になりました。
C 5	思っていた以上によい発音で質問をすることができました。外国人にしっかり伝わったのがよかったです。相手の事情で質問が全てできない人もいたので、接し方を考えたいです。
C 6	1人でインタビューしたので、とても緊張しました。でも、意外に優しく接してくれたので、緊張がほどけて、疑問も解決できてよかったです。
C 7	私はメモを見ながら話しをしました。でも、意外に通じたので、びっくりしました。外国の人はすすんで答えてくれたのでうれしかったです。私は前よりも外国に興味をもつことができました。
C 8	外国の人がすごく優しく質問に答えてくれたので、自分ももっと外国のことを知りたいなと思いました。
C 9	ぼくは、始めは緊張していたので2人でインタビューをやりました。でも、途中から楽しくなってきて、1人でやりました。また、インタビューをしたいです。
C 10	話しかけてみたら、みんないい人で、しっかりと答えてくれました。私はもっと話してみたいなと思いました。今、英語教室に通っているので、これから本気で勉強してみるのもよいかなと思いました。

※　C1〜C10は児童

表13 英語学習についてのアンケート（平成28年9月27日実施10人）

1	今まで、すすんで英語で表現する勉強をしていた。			
	ア　とてもそう思う	イ　そう思う	ウ　あまり思わない	エ　思わない
人数	5人	4人	0人	1人
2	英語の表現はどちらかというと			
	ア　得意だ	イ　苦手だ	ウ　得意でも苦手でもない	
人数	2人	2人	6人	

習活動について検討することは、実践の有効性を考察する上で効果的である
と考える。

　C10はこれまでの外国語学習に魅力を感じ、切実感をもっていなかった。
そのため、アンケート結果に見られる回答をしたのであろう。一方、鎌倉で
のインタビュー活動後のふり返りを見ると「私はもっと話してみたいなと思
いました。今、英語教室に通っているので、これから本気で勉強してみるの
もよいかなと思いました」と述べている。

　C10は英語でのインタビュー活動を通して、実社会と関係をもつことで、
学校における外国語の学習の意義を認め、自分の可能性を含めた肯定的な理
解に基づき、今後、進んで学ぼうとする力を促進したと考察することができ
る。この力はキャリア教育の基礎的・汎用的能力の中の自己理解・自己管理
能力にあたる。自己理解・自己管理能力は課題を解決するための課題対応能
力を支える基盤となる力である。外国語学習と修学旅行でのインタビューの
有機的な関連づけにより、C10は課題を解決する過程で外国語を学ぶ価値を
意味づけ、今後の学習により一層の価値を見出したと考えられる。

4　実践の成果と課題

　今日、学習は教科の内容（コンテンツ）だけでなく、教科を横断する汎用
的なスキル（コンピンテンシー）との関連が重視されている。奈須正裕は学力

論の大幅な拡張と刷新ととらえ、「学校教育の守備範囲を知識・技能の習得に留めることなく、それらを初めて出会う問題場面で効果的に活用する思考力・判断力・表現力など汎用性のある認知スキルにまで高め、さらに粘り強く問題解決に取り組む意欲や自己調整能力、直面する対人関係的困難を乗り越える社会スキルにまで拡充すること」ととらえている。

　本実践では、思考の共有化を通して学習集団としての学級力の向上とそれを生かした課題対応能力の促進を図った。授業者は外国語学習で児童が学んだ英語表現を生かすため、総合的な学習の時間を基盤として、外国語学習を有機的に関連づけて授業を設計した。すると、児童は学習の意味と価値を自ら理解し、能動的に学習に取り組み、汎用的能力の一つである課題対応能力を促進することができた。

　これらの実践から、授業者が今日求められているコンピテンシーベイスの学力観に基づき、児童の実態を適切に見取り、総合的な学習の時間等と有機的に関連づけた学習が、児童の思考力を育成する上で重要な役割を果たしていることが明らかとなった。総合的な学習の時間は、今後も他の教科や領域と有機的に関連づけることによって、より実践的な課題対応能力の育成を図ることが可能であることもわかった。

　グローバル化は、社会に多様性をもたらし、急激な技術革新は人間生活を質的にも変化させるようになってきている。このような状況の中で、この度、教育課程審議会の「次期学習指導要領に向けたこれまでの審議のまとめ（案）」が示され、2030年の社会とその先の豊かな未来において、子どもたちがよりよい人生とよりよい社会を築くために、教育課程を通じて初等中等教育の果たすべき役割が述べられた。今後の21世紀の社会は知識基盤社会であり、新しい知識・情報・技術が社会のあらゆる領域で活動の基盤として展開されると考えられる。情報化やグローバル化といった社会変化が進めば進むほど、今後、子どもたちの学びの世界は情報という間接体験に覆われてしまうであろう。だからこそ、「カリキュラム・マネジメント」を駆使し、総合

的な学習の時間を教科・領域と有機的に関連させ、実体験を伴ったリアリティーのある学習経験を推進していく必要があると考える。そして、それは、学習をデザインする授業者一人一人の力量が試されているのである。

【引用・参考文献】

打越正貴、斉藤茂樹「総合的な学習の時間に関する実践的な研究―課題対応能力を育成するための『カリキュラム・マネジメント』による思考の共有化を通して―」茨城大学教育学部紀要、第66号、2017年。

ユーリア・エンゲストローム『拡張による学習』新曜社、2015年。

山住勝広一『活動理論と教育実践の創造』関西大学出版、2010年。

文部科学省「教育企画部会『論点整理』」2015年8月26日。

文部科学省「今後の学校におけるキャリア教育・職業教育の在り方について」中央教育審議会キャリア教育・職業教育特別部会、2010年1月。

田中博之『学級力向上プロジェクト2』金子書房、2014年。

石井英真『今求められる学力と学びとは』日本標準、2015年。

文部科学省「新しい時代にふさわしい高大接続の実現に向けた高等学校教育、大学教育、大学入学者選抜の一体的改革について（答申）」中央教育審議会、2014年12月22日。

西岡加名恵『教科と総合学習のカリキュラム設計』図書文化社、2016年。

石井英真『今求められる学力と学びとは』日本標準、2015年。

奈須正裕・江間史明『教科の本質から迫るコンピテンシー・ベイスの授業づくり』図書文化社、2015年。

文部科学省「幼稚園、小学校、中学校高等学校及び特別支援学校の学習指導要領等の改善及び必要な方策等について（答申）2016年12月21日。

第10章 「自己の生き方を見つめる」指導の工夫・改善（中学校）

　本章では、1つの教科における思考指導ではなく、「総合的な学習の時間」を核に、他の教科や特別活動、学級活動の時間、給食の時間などの教育活動と有機的に関連させること。つまり、各教科のカリキュラムを効果的にマネジメントすることで、課題への動機づけと継続的意欲付けを行い、生徒の「主体的・対話的で深い学び」を追究する実践について述べる。具体的には、構成的にカリキュラムを提供することで、生徒のさらなる意欲の喚起を目指した授業実践を試みることにした。

1　総合的な学習の時間を核としたカリキュラム・マネジメント

　「総合的な学習の時間」おいて、「単元を貫く学習課題」を「自分の生き方を考える」とした。その他の関連する教科では、学級活動と音楽では「合唱祭で感動させるA組らしい合唱を歌おう」という生徒にとってわかりやすい目標を設定した。どの生徒も学校行事に向かう目標としてとらえやすく、学習意欲を喚起するには最適な課題といえる。本章では学校行事への目標を効果的に活用することで、「主体的・対話的で深い学び」を展開するための総合的な学習の時間の在り方を追究する。

　本実践では、特に、「主体的・対話的な深い学び」を促進するために、不可欠な思考指導を充実させるため、効果的なカリキュラム・マネジメントの工夫を試みた。そのためには、多くの生徒が話合い活動をしやすい総合的な学習の時間を核にして、学校行事を意欲的に取り組むために、学級活動や音楽や社会など他教科の教育活動を有機的に関連させる必要がある。具体的に

は、授業の単元構成や年間指導計画をもとに、カリキュラムを横断的にデザインするカリキュラム・マネジメントの充実と生徒の見方・考え方をゆさぶる地域教材の選定を図った。

(1) 総合的な学習の時間を核に他の教育活動を有機的に関連させるための
　　カリキュラム・マネジメント
　中学校では、進路指導の一環として「職場体験学習」を行っている。A中学校では2年生の夏休みに位置付けており、その前後で職業観を身に付ける必要性や実際に事業所で活動することの意義を指導している。それらを生かし、生徒が自己の生き方を見つめることで、進路選択を前向きにとえられる意識付けと正しい職業観を身に付けられるようにしている。2年生の時に生徒は、自ら希望する職場で体験活動を実施することになっている。しかし，今回は、「もしも就きたい職業を選べずに戦争になってしまったならば」という課題のもと、戦時中の人々の気持ちを学ぶ機会を取り入れた。
　なぜこのような課題が必要かというと、2年生の11月に学校行事として「合唱祭」が行われ、その時の合唱曲が「オーマイソルジャー」という戦争を題材とした歌だったからである。そして、「合唱を上手に歌うためには、『オーマイソルジャー』の歌詞の意味を理解し、戦時中の人々の気持ちを歌として表現する必要がある」と生徒から提案があったからである。つまり，人を感動させる合唱を歌うためには、戦時中の人々の気持ちを考え，合唱として表現することが必要と考えたからである。それができるためには，これまでの自分の生き方を見つめなおし、これからの生き方を考えるきっかけとする必要があると考えた。そして、そのためには総合的な学習の時間で行う進路学習と関連させることが不可欠であり、総合的な学習の時間を中核にして合唱活動を有機的に結びつける必要がある。
　表1は、そのための実際に行ったカリキュラム・マネジメントである。具体的には、総合的な学習の時間を核に進路学習を行っていく。1年時では、

実際に自分が興味・関心の高い職業を選出したり、その職になるためにはどのような進路を進めばよいのかを調べたり、「なぜ働くのか」という根本的な考え方を学習したりすることで、職業観を徐々に指導する。その際には、「職業について話を聞く会」も行うことで、実際に働いている人の声を聴いた。

　２年生の６月の学級活動において、合唱祭の自由曲決めから本格的にスタートする。学級活動で合唱曲を決め、次に学級目標を立てて、「人を感動させるＡ組らしい合唱」を目標に生徒が課題を立てる。そして、学級活動や音楽の時間で歌練習を行いつつ、総合的な学習の時間では２年生の進路指導の目玉である「職場体験学習」の事前指導を行う。そこでは、「働くことを通して自己をみつめ、将来の夢や自分の生き方について考える。」ということを目標に指導する。

　夏休み中の「職場体験学習」までは、事前指導として、事業所との事前の打ち合わせを行うためのアポイントのとり方、事前打合せでの対応の仕方、活動の当日の対応の方法など、コミュニケーションスキルを中心に指導を行う。それと関連させて、「もしも就きたい職業を選べずに戦争になったら」という課題で４回の授業を実施した。後に述べる戦争資料をもとに生徒に戦時中の人々の気持ちを考えさせ、最後に自分の生き方を振り返り，これからの生き方への決意を固める授業を行うことにした。その後、「職場体験学習」を行い、活動させていただいた事業所にお礼状を書き、実際に活動して学んだことを模造紙にまとめ、全員が報告発表会を行った。

　３年生では、本格的に進路選択の時期が始まり、３月にはそれぞれが自分の決めた道を歩んでいく。それと並行して社会科では、「二度の世界大戦と日本」という単元で，戦争になった原因やその時の様子を学習する。２年生で学んだことを振り返りながら学習することでさらに知識は深まり、生徒のそれぞれの思考力としての「自分なりの問題解決するための見方や考え方」も深まると考える。

表1　総合的な学習の時間を核にしたカリキュラム・マネジメント

教科名→		総合的な学習の時間	その他の教科	
各教科の目標→		自分の生き方を考える	合唱祭で感動させるA組らしい合唱をうたおう	
時期	探求過程	授業内容	教科・領域	授業内容
中1	4月 / 課題設定	自分の夢をもとう		
	5月 / 情報収集	職業について話を聞く会「アントラーズ」		
	6月 / 情報収集	職業について話を聞く会「福祉養護施設」		
	2学期 / まとめ・表現	自分の就きたい職業調べ		
	3学期 / まとめ・表現	自分の就きたい職業になるための進路先（高校）調べ		
中2	6月 / 課題設定	職場体験活動の心構え	学級活動	自由曲とその目的の説明（「オーマイソルジャー」との出会い）
	6月 / 課題設定		学級活動	自由曲の決定と学級目標決め、「オーマイソルジャー」の説明
	体験・分析		音楽	初めての歌練習（感動させられるA組らしい合唱にするために）
	情報収集、分析、まとめ・表現	「もしも就きたい職業が選べずに戦争になったならば」1 戦争資料1「太平洋戦争について」		
	7月 / 体験・分析	職場体験学習事前指導1		
	情報収集、分析、まとめ・表現	「もしも就きたい職業が選べずに戦争になったならば」2		

		戦争資料2「広島の原爆」「零戦特攻隊〜茶人の使命〜」		
	情報収集、体験・分析	職場体験学習事前指導2		
8月	体験・分析	職場体験学習（5日間）	学校行事	
	まとめ・表現	職場体験学習事後指導		
9月	体験・分析		音楽	歌練習（感動させられるA組らしい合唱にするために）
	情報収集、分析、まとめ・表現	「もしも就きたい職業が選べずに戦争になったならば」3 戦争資料3「人間爆弾桜花」【地域教材】		
	体験・分析		学級活動、音楽	歌練習（感動させられるA組らしい合唱にするために）
	情報収集、分析、まとめ・表現	「もしも就きたい職業が選べずに戦争になったならば」4 戦争資料4「桜花の特攻兵の話」【地域教材】「オーマイソルジャーの歌詞「ごめんなさいお母さん」の意味とは」		
10月	体験・分析		学級活動、音楽	歌練習（感動させられるA組らしい合唱にするために）
11月			学校行事	合唱祭
	まとめ・表現		学級活動	合唱祭を振り返って
12月	まとめ・表現	職場体験学習の学習発表会		
中3 4月〜	課題設定、情報収集、整理・分析、まとめ・表現	進路選定と決定	社会	歴史「6章 二度の世界大戦と日本」
3月	まとめ・表現	進路決定		

(2)「主体的・対話的な深い学び」を引き出す学習教材について

①合唱曲「オーマイソルジャー」について

　合唱曲「オーマイソルジャー」は、荻久保和明が1990年に作曲した混声合唱組曲「IN TERRA PAX〜地に平和を〜」の第2になり、作詞は鶴見正夫によるものである。鶴見は「これは戦争で散った世界中の無数の若者の命へのレクイエムである」と述べている。ベトナム戦争に出陣する自分の意志とは関係なく徴兵制で兵士になったアメリカ人のことを受けて鶴見が書いた詞「太郎は知った」を、荻久保が1985年に混声3部合唱曲として作曲し、同年の「教育音楽」7月号に発表された。この曲は後に4部に改訂され、「知った」と改題されて組曲の冒頭におさめられた。

　「オーマイソルジャー」はこれを受けての曲であり、生徒に歌詞の解釈をさせる際には、「知った」の歌詞と曲を聴くことが大切である。中盤の「ごめんなさい。お母さん」の歌詞のでは、どのような気持ちが隠れているのか、また、どのような背景がもとにその気持ちになっているのか、そして、どんな表現をすればその気持ちが観客に伝わるのかを考えることが大切である。

　その後の「生きたい、この命、ほしい、もう一度、この命、生きたい」やサビの部分である「オーマイソルジャー　帰らぬ命　オーマイソルジャー　言葉だけが帰る」。そして、最後の「空よ　変わらない空よ」などの大切な歌詞をどのように表現することで気持ちが伝わるのかを考えさせる教材として授業を行った。

②自作の戦争資料について（地域資料の教材化）

　授業者は、平成20年頃から戦争資料を集め始め、沖縄や広島で現地に訪れて多くの写真やVTR, 手記などの資料を記念館や博物館などで収集した。また、テレビ番組でも最近では、終戦記念日の前に特別番組が行われることが多かったので、その資料の中からより厳選した資料を編集し制作した。表2は、その内容についての詳細である。

　特に、本校があるC市には、特攻機「桜花」が有名であり、戦後70周年慰

霊祭が「桜花公園」で行われた。「桜花」とは太平戦争末期、人間爆弾と呼ばれた機体で旧海軍航空隊の神雷部隊が登場した機体である。その訓練基地跡地に機体格納庫「掩体壕」があり、そこで1993年から毎年「桜花神雷奉賛会」が主催で慰霊祭が行われていたが、会員の高齢化が進んでしまったことから70周年を最後として幕を閉じた。自作の戦争資料には，「桜花公園」の石碑や説明文、「掩体壕」に収納し、展示されている「桜花」の機体のレプリカなどの写真を含め、テレビ番組で放映された VTR など、なぜ「桜花」は作られたのか、こんなつくりをしているのか、日本の戦闘機なのに日の丸を掲げていないのかなど、生徒が考える材料として見やすく時間を指定して放映した。戦後70周年の節目で多くの方々の関心を集めており、C市の防災公園に記念展がおこなれたり、映画化されたことなども示した。

「桜花」は飛行機の体をなしているけれども、その先端には1.2ｔもの爆薬を積んでおり、有名な神風特攻隊の零戦には、250kgの爆薬を積んでいたので、それよりもはるかに多い量の爆薬を積んでいたことから、旧日本軍の切り札と考えられていた。そして、この機体には車輪も無ければ日の丸が描かれていない。それは，通常は敵機と見間違えないために日の丸が描かれているが、「桜花」は爆弾そのものなので日の丸がない。また、車輪も一度出撃したら帰還して着陸することはないのでついていないのである。このことから、これに乗って出撃したら死を覚悟しなければならないことをわかっていたのである。

また、「桜花」と「オーマイソルジャー」は同じ戦争でもなければ、同じ時代でもない。しかし、ベトナム戦争で徴兵される現地の若者と「桜花」で特攻を決意して出陣するC市の若者とは、戦争という状況において同じ心情と考えられる。そこで、生徒が「ごめんなさい　お母さん」という歌詞の意味をじっくり考えるには、まさに最適な教材であると考えた。

表2　自作の戦争資料の内容説明

資料	タイトル	内容詳細
1	太平洋戦争について と	・太平洋戦争が始まった理由、それから何が起こり終戦したのか、そして戦時中の人々の生活や教育などを3つのVTRで説明している。 ・沖縄戦の手記資料を紹介した。（ひめゆり学徒隊の手記を朗読）ガマでの生活の様子や水を飲むために必死に戦地を駆け抜けたである。
2	広島の原爆	・写真資料の提示（被災当時や平和公園の様子） ・アニメーションによる映像資料で原爆被害の前とその瞬間、その後の様子が説明されている。
	「零戦特攻隊〜茶人の使命〜」12)	・戦争後半に行われた神風特攻隊の兵士の生き方を茶人が振り返る話である。生き残った戦友（茶人）が当時を振り返って特攻兵やその家族の気持ちを振り返り、現在も生きている茶人がこれからどのように生きていくかを述べている。
3	地域教材「人間爆弾桜花」	・写真資料と映像資料を活用してC市にあった特攻隊の話である。「桜花」という兵器の説明と実際に攻撃を受けたアメリカ兵の話が収録されている。
4	地域教材「桜花の特攻兵の話」	・写真資料は、C市に実際に存在する特攻機「桜花」の写真や「桜花公園」の様子、70周年記念で掲載された新聞記事を紹介した。 ・映像資料は、C市で訓練を積み重ね「桜花」に乗って亡くなったパイロットの実話をもとにその当時の切なさや今の気持ちを振り返る。
	合唱曲「オーマイソルジャーの歌詞『ごめんなさいお母さん』の意味とは	・合唱祭で歌う「オーマイソルジャー」の歌詞は既に学級活動や音楽で学習済みである。その中の大切な歌詞である『ごめんなさいお母さん』という歌詞に注目して、これまで学んだことを振り返って、これから戦争に行かなければならない兵士のつぶやきの気持ちを考える。

（3）PDCA サイクルを生かした探究過程

　これまでの生徒の探究活動から、効果的な活動をしているときに、探究過程に一連の規則性があることに気付いた。それは、PDCA サイクルと同様の探究過程の循環システムである。最初に、生徒自身が問題意識を明確にもっており、次に教師の指導や文献から調べて解決に必要な情報を学んでいく姿である。そして、自分なりに結果を出し、うまくいかなかったところを自分なりに解釈することで、次の改善策を発見するのである。

　田村学は、これらを4つの過程で示している。それは、課題の設定、情報の収集、整理・分析，まとめ・表現である。表3は田村の考えをもとにして、PDCA サイクルに応じてとらえ直したものである。田村はこの過程1〜4を図1のように、何度も問題解決活動を行うことにより、大きな成果を果たせると考えている。

　今回の実践の場合（表1）は、2年生の初めに総合的な学習の時間とその他の教科間でそれぞれ課題設定することとした。これらを行うことでよりよい問題解決方法を見つけ、生徒のそれぞれの思考も深まり、「主体的・対話

表3　探究過程1〜4を PDCA サイクルで捉えた時の生徒の様子

過程		田村学氏の探究過程	私の発見した規則性	その過程の時の生徒の様子
1	P	課題の設定	課題設定	初めに生徒自身が目標や課題が設定されている。
2	D	情報の収集	情報獲得・実行	授業や文献で学び、自分なりの問題解決方法で実行している。
3	C	整理・分析	結果・分析	自分なりの問題解決方法を実行した結果で上手くいったこと上手くいかなかったところ明確にしている。
4	A	まとめ・表現	まとめ・改善	上手くいったところやいかなかったところを自分なりに捉え，改善策を明確にもっている。

的で深い学び」につながると考える。

2 カリキュラム・マネジメントを工夫した授業実践

　C市立A中学校2年生A組（35名）を対象として、総合的な学習の時間とその他教科におけるカリキュラム・マネジメントを重視した授業を実践した。本項では、その中でも総合的な学習の時間の9月に行われた「もしも就きたい職業を選べずに戦争になったならば」の3回目と4回目について述べる。どちらの授業も、総合的な学習の時間として「職場体験学習」の職業観を育む指導の一環として実施した。

　図1は、3時間目と4時間目の学習形態を表した内容である（PW：パーソナルワーク、GW：グループワーク、CW：クラスワーク）。

　学習過程のタイミングを見計りながら学級活動や音楽等で、「合唱祭で感動させるA組らしい合唱をうたおう」という目標を目指してきた。そして，自作の映像資料や写真や手記などの提示することで、生徒に情報の収集を行わせせ，生徒の知的好奇心を喚起させた。

（1）中学2年生「もしも就きたい職業を選べずに戦争になったならば」（3
　　時間目）
　授業実践1は、中学2年生1クラスにおいて、総合的な学習の時間の「職場体験学習」の事前指導の一環として「もしも就きたい職業を選べずに戦争になったなら」のテーマの授業実践を4回実施した。1時間前の授業では、「太平洋戦争について」と題して、開戦のきっかけや人々の生活がどのように変わったのか、そして、どのように終戦をむかえたのかを自作資料で視聴した。

　その内容は、開戦の幕開けである真珠湾攻撃にはじまり、どのように戦争が拡大していったなど、具体的に視覚的に表現されている。また、資料には

授業時間	学習内容と授業の流れ	学習形態	時間配分
3時間目	課　題	CW クラス	CW：3分
	資　料	質問1「人間爆弾桜花についてどう思うか」	資料：8分
	感じたこと	PW パーソナル(1人)	PW：5分
	資　料	質問2「桜花に特攻されるアメリカ兵の気持ち」	資料：8分
	感じたこと	PW パーソナル(1人) → GW グループ(班) → CW クラス	PW：5分 GW：7分 CW：5分
	振り返る	PW パーソナル(1人) → CW クラス	PW：5分 CW：3分
4時間目	課　題	CW クラス	CW：3分
	資　料	質問3「特攻前夜の笑顔に意味は」	資料：8分
	感じたこと	PW パーソナル(1人) → CW クラス	PW：5分 CW：5分
	問　題	質問4 合唱曲「オーマイソルジャー」の歌詞『ごめんなさい　お母さん』の意味とは	問題説明：2分
	感じたこと	PW パーソナル(1人) → GW グループ(班) → CW クラス	PW：5分 GW：7分 CW：5分
	振り返る	質問5「未来につなげるために、これからどのように生きていきますか」 PW パーソナル(1人) → CW クラス	PW：5分 CW：3分

図1 「3時間目と4時間目」の学習形態の工夫

その当時の人々の食料やガソリン等の生活必需品がすべて配給制となったこと。さらに、「買い出しより作り出し」のような標語を掲げて、土地のあちこちが畑に変わっていく様子も写されている。当時の徴兵制について、国民学校での授業の様子、そして学徒出陣の壮行会の様子など、当時の状況がリアルに示されていた。

　また、沖縄戦の様子を、元ひめゆり学徒隊員の手記を読むことで、その時の辛さ、苦しさ、悲惨さを伝えた。生徒は、戦争のことを知らず予想以上に驚愕していた。特に日本とアメリカが敵対関係にあったことを知らない生徒も多くいた。しかし、これらのことを知り、これまで以上に今回の合唱曲「オーマイソルジャー」を理解することはとても重要であり、生徒に平和の大切さを伝えるにはよいきっかけとなった授業であった。

　2時間目の授業では，「広島の原爆」と「零戦特攻隊〜茶人の使命〜」についての自作の戦争資料を活用した授業を行った。「広島の原爆」では、被爆した当時の原爆ドームの写真や熱線を浴びたヘルメットが三輪車にくっついている写真を見せた。その他にも生徒は、実際に原爆を落とされた時の様子や被害状況、その後の放射能の影響など、アニメーションによる映像資料を視聴した。

　生徒には、悲惨さに衝撃を受け、動揺しすぎないように十分に配慮をした。これらの資料から、その悲惨な状況や放射線被爆について関心をもったようである。生徒は、「だから福島の原発事故はあんなに騒がれたのか」とか、「今でも苦しんでいる人がいるのか」などの発言があった。さらに、「なぜアメリカは原爆を広島や長崎におとしたのか」「なぜ北朝鮮はこんな恐ろしい核爆弾をつくっているのか」などの質問があった。

　次に「零戦特攻隊〜茶人の使命〜」の資料を視聴した。そこには後に茶人となる元特攻隊員と親友とがどのように学徒出陣となり、どんな気持ちで飛び立っていったのかが記されている。生徒の一番印象が強かったのは出撃の命令を待っているときの兵士の気持ちであった。故郷の方を向いて「お母さ

ん」という言葉を叫びながら涙を流す様子を、生徒が理解することは難しく、実感が得られなかった。しかし、大人になっても、最後は故郷と「お母さん」が恋しく、その別れはとても辛いことだということは理解したようであった。

　３時間目の授業は、本校の所在するＣ市の地域教材である「人間爆弾桜花」について学習した。生徒への初発の発問は、「『桜花』を知っていますか」であった。ほとんどの生徒が知らず、知っているのはわずかに３人だった。そうなると、もちろん桜花公園やその慰霊祭については全く知らない。本校から１〜2kmの場所で、飛行訓練が行われていたことなど、夢にも思わなかったようである。機体表面に日の丸が描かれていないこと、跳びだったら帰ってこないので車輪がないこと、その構造や材質などなぜこのような機体を作ったのかを示した。ここでは、パーソナルワークで生徒１人１人が意見をもてるように時間を確保した。

　その後、実際に「桜花」の攻撃を受け撃沈した軍艦の乗組員だったアメリカ人の話のＶＴＲを視聴した。「桜花」の戦果は、１隻の駆逐艦を撃沈しただけであった。何機かは特攻したものの、ほとんどは敵機に到達する前に撃墜されてしまったということであった。撃沈された駆逐艦の元衛生兵であったコランポリスさんが、敵対していたアメリカ兵の気持ちを語った。その中には、仲間を殺された憎しみや怒りもあったが、ある日をきっかけに日本兵のへの気持ちが徐々に変わっていったと述べられていた。

　それらを見て、生徒たちは多くの意見をワークシートに書くことができた。また、グループワークやクラスワークにおいても活発に意見を交換することができた。今回の題材は、自分の考えを出し合うオープンエンドの討論であったので、生徒はお互いにたくさんの意見を聞いて、考えを深められた。

(2) 中学2年生「もしも就きたい職業を選べずに戦争になったならば」（4
　　時間目）

　最後の授業も3時間目に活用した戦争資料からスタートした。「特攻前夜
の笑顔の意味はなにか」という発問から始めた。これまで1～3時間目の授
業を実施してきたので、生徒は自然に資料に引き込まれていった。誰一人と
して目線を外すこともなく、資料に見入っていた。資料には自分たちの住み
慣れた街が出てくる。「あ！あそこは！」生徒の一人が発する言葉で、見慣
れた参道であることを誰もが理解した。コメンターが歩いているところを見
て、自分の市で本当に特攻機の飛行訓練が行われていたことを実感していた。
資料の話は、実際にC市に住んでいたY隊員の話である。桜花の特攻隊員で
あることを母に明かさず、また生き残った友人にも口止めをして死んでいっ
た隊員である。パーソナルワークの後、クラスワークで意見を共有した。

　次の発問は、「合唱曲『オーマイソルジャー』の『ごめんなさいお母さん』
という歌詞の意味は何でしょうか」である。これまでの資料のつながりや意
味を考えることで、生徒一人一人が確実に自分の考えをもつことができた。
授業の最後に、振り返りとして、「未来につなげるために、これからどのよ
うに生きていきますか」と、問を投げかけた。生徒は、これまで多くの友人
の考えを聞いているので、ワークシートに素早く自分の考えを書き始めた。
そこで、ワークシートから、どのようなに生徒の心に響いたかを読み取り、
3時間目と4時間目とで、生徒の心情がどのように変化したのかを見ていっ
た。さらに、生徒から出された心情をカテゴライズし、そのカテゴリーの数
や種類の変化にも注目した。また、最後の発問でこれまでのことをまとめて
どのような人生観をもてたかを考察し、今回の授業実践の効果を検討した。
ただし、ワークシートの内容は一人につき一つの心情というわけではなく、
複数ある場合はその全てを分類し集計することにした。

3 実践の成果と課題

　本実践では、１年生から積み重ねて指導してきた勤労観や職業観などの進路学習を基盤として、総合的な学習の時間を核に、その他の教育活動をマネジメントする授業を実践してきた。これまでの指導と同様に、単元を貫く学習課題をそれぞれの教科で設定し、各教科が総合的な学習の時間と並行して目標に向かう実践を試みてきた。その結果、以下の点が明らかになった。

　(1) 総合的な学習の時間を核にその他の教育活動と有機的に関連させるカリキュラムを効果的にマネジメントすることで、多くの生徒が主体的・対話的に問題解決活動を行い、深い学びを実現することができた。今回は、どの生徒も新しい知識を同じタイミングで学んだことで実現できたと考える。生徒の既習内容の習熟度がほとんど変わらなかったことが、深い学びを可能にしたと考えられる。今後は、各教科においても、カリキュラム・マネジメントの在り方を工夫していきたい。

　(2) 学校行事で活用する教材や地域教材を自作することで、生徒の興味・関心が高まり、「主体的・対話的で深い学び」につなげることができた。勤労観や職業観を養うために、自分自身の生き方を振り返り、戦時中の人々の考え方や生活と比較することを通して、自分自身の生活を振り返る姿が見られた。また、その終着点と合唱の途中の点を結びつけ、同じ学びの方向性を示すことで、さらに生徒の自主性が高まった。

　(3) カリキュラム・マネジメントを行う際に、PDCAサイクルに類似した探究過程を規則的に行うことで、生徒の「主体的・対話的で深い学び」を引き出し、問題解決をすることができた。今回の実践は、総合的な学習の時間も他の教育活動も初回の授業で課題設定を行った。途中でもその都度、課題

の設定を行っているものの、それを記録として残すことをしていなかった。これからは、生徒が課題を再設定するとき、視覚的に有効な支援をしていく必要がある。

（4）今回のような課題においては、食育指導も有効であることがわかった。かなりの偏食の生徒がいたが、初めは一口からと話し地道に指導していくことで、大きな改善が見られた。これまでの一連の教育活動が生徒の心に響いたのだと考えられる。食育はその一つの事例であり、これ以外にも生徒の実態に応じて関連させて指導することができるのではないか。

（5）「対話的な学び」について、目的の違いによって「討論」と「協議」の活用方法をあらためて明確にすることができた。これまで多くの考えを出し合うことを「討論」、いくつもの答えを一つにまとめることを「協議」としてとらえていた。しかし、長いスパンで同じ価値観の「討論」を行っていると一つの答えになることはないが、徐々に同じような価値に精錬されて、より深まった価値となっていくことがわかった。そうなると、1時間の授業でたくさんの意見を1つに絞っていく「協議」を生徒が行うことは難しい。何度も訓練を行ったり、良好な人間関係になったりならなければ、「主体的・対話的で深い学び」となり難いことも明らかとなった。

　本実践では、これまでの理科学習の研究の知見を基盤に、総合的な学習の時間を核として、他の教育活動を有機的に関連付けてカリキュラム・マネジメントを工夫することで、生徒の主体的・対話的な深い学びを引き出し、思考力を高める実践を進めてきた。その結果，それぞれの教科で「単元を貫く学習課題」を立てることで、学習意欲を高めることができた。さらに、それが途中交わり、同じ学びのベクトルとなることで、課題への動機づけと継続的意欲付けができることがわかった。また、総合的な学習の時間においても、PDCAサイクルを回すことで思考力だけでなく、様々な能力が向上してい

くこともわかった。しかし、それは生徒自身が成長を実感し、その学習活動自体を本心から楽しいと実感しない限り、すべての生徒が主体的に動くわけではない。常に学習意欲の在り方によって、この学習サイクルは何回も回転する。そして、その回転数が多ければ多いほど思考力が向上し、学びの質が高まっていくと考える。

　今回の取り組みが効果的であったのは、単にカリキュラム・マネジメントがうまくいったからというわけではない。学校行事で活用する教材や地域教材を自作することで、どの生徒も新しい知識を同じタイミングで学んだことや生徒の興味・関心を持続的に喚起し続けられたから効果があったのである。もし同じ手法を他教科を中心して取り入れた場合、生徒のこれまでの蓄積した知識に個人差が生じてしまう。「主体的・対話的で深い学び」によって、高次元な思考を引き出せるようにするためには、学習活動を共有することで生徒間の個人差をどのようにして埋めるかが，これからの思考指導の鍵となる。その意味で「対話的な学び」はますます重要な学習活動となってくる。

【引用・参考文献】

打越正貴、島本晃宏「『自己の生き方を見つめる』ための総合的な学習の時間の在り方－カリキュラム・マネジメントの工夫改善を通して－」茨城大学教育学部紀要（教育科学）、第67号、2018年。

文部科学省「幼稚園，小学校，中学校高等学校及び特別支援学校の学習指導要領等の改善及び必要な方策等について（答申）」中央教育審議会、2016年。

藤上真弓『プロ教師に学ぶ小学校総合的な学習の時間授業の基礎技術Q＆A』東洋館出版社、2012年。

三大学女声合唱連盟「第8回ジョイントコンサート演奏会パンフレット」日本女子大学合唱団・共立女子大学合唱団・立教大学グリークラブ女声合唱団、993年。

テレビ東京「池上彰の戦争を考えるSP－戦争はなぜ始まり、どう終わるのか－」2010年。

RCCテレビ「はだしのゲン」995年。.

フジテレビ「私たちに戦争を教えてください」2015年。

TBS「戦後70年千の証言スペシャル私の街も戦場だったⅡ　今伝えたい家族の物語」
　　2015年。

田村学『カリキュラム・マネジメント入門』東洋館出版、2017年。

文部科学省「今，求められる力を高まる総合的な学習の時間の展開（中学校編）」
　　2010年。

学校教育関連資料

小学校学習指導要領（平成29年告示）解説
総合的な学習の時間編

第2章　総合的学習の時間の目標
第3章　各学校において定める目標及び内容

第2章　総合的な学習の時間の目標

第1節　目標の構成

　総合的な学習の時間のねらいや育成を目指す資質・能力を明確にし、その特質と目指すところが何かを端的に示したものが、以下の総合的な学習の時間の目標である。

第1　目標

　探究的な見方・考え方を働かせ、横断的・総合的な学習を行うことを通して、よりよく課題を解決し、自己の生き方を考えていくための資質・能力を次のとおり育成することを目指す。

(1) 探究的な学習の過程において、課題の解決に必要な知識及び技能を身に付け、課題に関わる概念を形成し、探究的な学習のよさを理解するようにする。

(2) 実社会や実生活の中から問いを見いだし、自分で課題を立て、情報を集め、整理・分析して、まとめ・表現することができるようにする。

(3) 探究的な学習に主体的・協働的に取り組むとともに、互いのよさを生かしながら、積極的に社会に参画しようとする態度を養う。

　第1の目標は、大きく分けて二つの要素で構成されている。

　一つは、総合的な学習の時間に固有な見方・考え方を働かせて、**横断的・総合的な学習を行うことを通して、よりよく課題を解決し、自己の生き方を考えていくための資質・能力**を育成するという、総合的な学習の時間の特質を踏まえた学習過程の在り方である。もう一つは、(1)、(2)、(3)として示している、総合的な学習の時間を通して育成することを目指す資質・能力である。育成することを目指す資質・能力は、他教科等と同様に、(1)では総合的な学習の時間において育成を目指す「知識及び技能」を、(2)では「思

考力、判断力、表現力等」を、(3)では「学びに向かう力、人間性等」を示している。

第2節　目標の趣旨

○1　総合的な学習の時間の特質に応じた学習の在り方
(1)　探究的な見方・考え方を働かせる

　探究的な見方・考え方を働かせるということを目標の冒頭に置いたのは、探究的な学習の重要性に鑑み、探究的な学習の過程を総合的な学習の時間の本質と捉え、中心に据えることを意味している。総合的な学習の時間における学習では、問題解決的な活動が発展的に繰り返されていく。これを探究的な学習と呼び、平成20年の「小学校学習指導要領解説総合的な学習の時間編」において、「探究的な学習における児童の学習の姿」として、図のような一連の学習過程を示した。

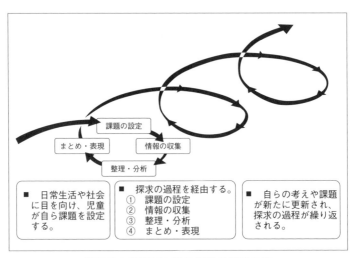

探究的な学習における児童の学習の姿

　児童は、①日常生活や社会に目を向けた時に湧き上がってくる疑問や関心に基づいて、自ら課題を見付け、②そこにある具体的な問題について情報を収集し、③その情報を整理・分析したり、知識や技能に結び付けたり、考えを出し合ったりしながら問題の解決に取り組み、④明らかになった考えや意見などをまとめ・表現し、そこからまた新たな課題を見付け、更なる問題の解決を始めるといった学習活動を発展的に繰り返していく。要するに探究的な学習とは、物事の本質を探って見極めようとする一連の知的営みのことである。

　探究的な学習では、次のような児童の姿を見いだすことができる。事象を捉える感性や問題意識が揺さぶられて、学習活動への取組が真剣になる。身に付けた知識及び技能を活用し、その有用性を実感する。見方が広がったことを喜び、更なる学習への意欲を高める。概念が具体性を増して理解が深まる。学んだことを自己と結び付けて、自分の成長を自覚したり自己の生き方を考えたりする。このように、探究的な学習においては、児童の豊かな学習の姿が現れる。ただし、この①②③④の過程を固定的に捉える必要はない。物事の本質を探って見極めようとするとき、活動の順序が入れ替わったり、ある活動が重点的に行われたりすることは、当然起こり得ることだからである。

　この探究のプロセスを支えるのが探究的な見方・考え方である。探究的な見方・考え方には、二つの要素が含まれる。

　一つは、各教科等における見方・考え方を総合的に働かせるということである。各教科等の学習においては、その教科等の特質に応じた見方・考え方を働かせながら、教科等の目標に示す資質・能力の育成を目指すが、総合的な学習の時間における学習では、各教科等の特質に応じた見方・考え方を、探究的な学習の過程において、適宜必要に応じて総合的に活用する。

　例えば、実社会・実生活の中の課題の探究において、言葉による見方・考え方を働かせること（対象と言葉、言葉と言葉との関係を、言葉の意味、働き、使

い方等に着目して捉えたり問い直したりして、言葉への自覚を高めること）や、数学的な見方・考え方を働かせること（事象を、数量や図形及びそれらの関係などに着目して捉え、論理的、統合的・発展的に考えること）や、理科の見方・考え方を働かせること（自然の事物・現象を、質的・量的な関係や時間的・空間的な関係などの科学的な視点で捉え、比較したり、関係付けたりするなどの科学的に探究する方法を用いて考えること）などの教科等の特質に応じた物事を捉える視点や考え方が、繰り返し活用されることが考えられる。実社会・実生活における問題は、そもそもどの教科等の特質に応じた視点や捉え方で考えればよいか決まっていない。扱う対象や解決しようとする方向性などに応じて、児童が意識的に活用できるようになることが大事である。

　二つは、総合的な学習の時間に固有な見方・考え方を働かせることである。それは、特定の教科等の視点だけで捉えきれない広範な事象を、多様な角度から俯瞰して捉えることであり、また、課題の探究を通して自己の生き方を問い続けるという、総合的な学習の時間に特有の物事を捉える視点や考え方である。本解説第3章で説明するように、探究課題は、一つの決まった正しい答えがあるわけでなく、様々な教科等で学んだ見方・考え方を総合的に活用しながら、様々な角度から捉え、考えることができるものであることが求められる。そして、課題の解決により、また新たな課題を見付けるということを繰り返していく中で、自分の生き方も問い続けていくことになる。

　このように、各教科等における見方・考え方を総合的に活用して、広範な事象を多様な角度から俯瞰して捉え、実社会・実生活の課題を探究し、自己の生き方を問い続けるという総合的な学習の時間の特質に応じた見方・考え方を、探究的な見方・考え方と呼ぶ。それは総合的な学習の時間の中で、児童が探究的な見方・考え方を働かせながら横断的・総合的な学習に取り組むことにより、よりよく課題を解決し、自己の生き方を考えていくための資質・能力を育成することにつながるのである。そして、学校教育のみならず、大人になった後に、実社会・実生活の中でも重要な役割を果たしていくので

ある。

　なお、総合的な学習の時間において、各教科等における見方・考え方を総合的に活用するということは、社会で生きて働く資質・能力を育成する上で、教科等の学習と教科等横断的な学習を往還することが重要であることを意味している。系統的に構造化された内容を、それぞれの特質に応じた見方・考え方を働かせて学ぶ教科等の学習と、総合的な学習の時間において、各教科等で育成された見方・考え方を、実社会・実生活における問題において総合的に活用する教科等横断的な学習の両方が重要であるということを意味している。このような教科等の学習と教科等横断的な学習の両方が示されていることは我が国の教育課程の大きな特色であり、今回の改訂では改めてその趣旨を明示している。

(2) 横断的・総合的な学習を行う

　横断的・総合的な学習を行うというのは、この時間の学習の対象や領域が、特定の教科等に留まらず、横断的・総合的でなければならないことを表している。言い換えれば、この時間に行われる学習では、教科等の枠を超えて探究する価値のある課題について、各教科等で身に付けた資質・能力を活用・発揮しながら解決に向けて取り組んでいくことでもある。

　総合的な学習の時間では、各学校が目標を実現するにふさわしい探究課題を設定することになる。それは、例えば、国際理解、情報、環境、福祉・健康などの現代的な諸課題に対応する課題、地域や学校の特色に応じた課題、児童の興味・関心に基づく課題などである。具体的には、「身近な自然環境とそこで起きている環境問題」、「地域の伝統や文化とその継承に力を注ぐ人々」、「実社会で働く人々の姿と自己の将来」などを探究課題とすることが考えられる。こうした探究課題は、特定の教科等の枠組みの中だけで完結するものではない。実社会・実生活の中から見いだされた探究課題に教科等の枠組みを当てはめるのは困難であり、探究課題の解決においては、各教科等

の資質・能力が繰り返し何度となく活用・発揮されることが容易に想像できる。

(3) よりよく課題を解決し、自己の生き方を考えていく

　総合的な学習の時間に育成する資質・能力については、**よりよく課題を解決し、自己の生き方を考えていくため**と示されている。このことは、この時間における資質・能力は、探究課題を解決するためのものであり、またそれを通して、自己の生き方を考えることにつながるものでなければならないことを明示している。

　ここに見られるのは、課題を解決する中で資質・能力を育成する一方、課題の解決には一定の資質・能力が必要となるという双方向的な関係である。

　課題についての一定の知識や、活動を支える一定の技能がなければ、課題の解決には向かわない。解決を方向付ける、「考えるための技法」や情報活用能力、問題発見・解決能力を持ち合わせていなければ、探究のプロセスは進まない。その一方で、探究を進める中で、知識及び技能は増大し、洗練され、精緻ち化される。言語能力や情報活用能力、問題発見・解決能力も、より高度なものになっていく。つまり、既有の資質・能力を用いて課題の解決に向かい、課題の解決を通して、より高度な資質・能力が育成されていくのである。

　このような関係を教師が意識しておくことが、よりよい課題の解決につながっていく。つまり、この時間の学習に必要な資質・能力とは何かを見極め、他教科等やそれまでの総合的な学習の時間の学習において、意図的・計画的に育成すると同時に、総合的な学習の時間における探究的な学習の中でその資質・能力が高まるようにするということである。

　よりよく課題を解決するとは、解決の道筋がすぐには明らかにならない課題や、唯一の正解が存在しない課題などについても、自らの知識や技能等を総合的に働かせて、目前の具体的な課題を粘り強く対処し解決しようとする

ことである。身近な社会や人々、自然に直接関わる学習活動の中で、課題を解決する力を育てていくことが必要になる。こうしたよりよく課題を解決する資質・能力は、試行錯誤しながらも新しい未知の課題に対応することが求められる時代において、欠かすことのできない資質・能力である。

自己の生き方を考えることは、次の三つで考えることができる。一つは、人や社会、自然との関わりにおいて、自らの生活や行動について考えていくことである。社会や自然の一員として、何をすべきか、どのようにすべきかなどを考えることである。また、これは低学年における生活科の学習の特質からつながってくる部分でもある。二つは、自分にとっての学ぶことの意味や価値を考えていくことである。取り組んだ学習活動を通して、自分の考えや意見を深めることであり、また、学習の有用感を味わうなどして学ぶことの意味を自覚することである。そして、これら二つを生かしながら、学んだことを現在及び将来の自己の生き方につなげて考えることが三つ目である。学習の成果から達成感や自信をもち、自分のよさや可能性に気付き、自分の人生や将来について考えていくことである。

総合的な学習の時間においては、こうした形で自己の生き方を考えることが大切である。その際、具体的な活動や事象との関わりをよりどころとし、また身に付けた資質・能力を用いて、よりよく課題を解決する中で多様な視点から考えることが大切である。また、その考えを深める中で、更に考えるべきことが見いだされるなど、常に自己との関係で見つめ、振り返り、問い続けていこうとすることが重要である。

○2　総合的な学習の時間で育成することを目指す資質・能力

総合的な学習の時間で育成することを目指す資質・能力については、他教科等と同様に、総則に示された「知識及び技能」、「思考力、判断力、表現力等」、「学びに向かう力、人間性等」という三つの柱から明示された。

(1) 探究的な学習の過程において、課題の解決に必要な知識及び技能を身

に付け、課題に関わる概念を形成し、探究的な学習のよさを理解するようにする。

　総合的な学習の時間の内容は、後述のように各学校において定めるものである。このため、従来は、総合的な学習の時間において身に付ける資質・能力として、どのような知識を身に付けることが必要かということについては、具体的に示されてこなかった。しかし、この時間の学習を通して児童が身に付ける知識は質・量ともに大きな意味をもつ。探究的な見方・考え方を働かせて、教科等横断的・総合的な学習に取り組むという総合的な学習の時間だからこそ獲得できる知識は何かということに着目することが必要である。総合的な学習の時間における探究の過程では、児童は、教科等の枠組みを超えて、長時間じっくり課題に取り組む中で、様々な事柄を知り、様々な人の考えに出会う。その中で、具体的・個別的な事実だけでなく、それらが複雑に絡み合っている状況についても理解するようになる。その知識は、教科書や資料集に整然と整理されているものを取り込んで獲得するものではなく、探究の過程を通して、自分自身で取捨・選択し、整理し、既にもっている知識や体験と結び付けながら、構造化し、身に付けていくものである。こうした過程を経ることにより、獲得された知識は、実社会・実生活における様々な課題の解決に活用可能な生きて働く知識、すなわち概念が形成されるのである。

　各教科等においても、「主体的・対話的で深い学び」を通して、事実的な知識から概念を獲得することを目指すものである。総合的な学習の時間では、各教科等で習得した概念を実生活の課題解決に活用することを通して、それらが統合され、より一般化されることにより、汎用的に活用できる概念を形成することができる。

　技能についても同様である。課題の解決に必要な技能は、例えば、インタビューのときには、聞くべきことを場合分けしながら計画する技能、資料を

読み取るときには、大事なことを読み取ってまとめる技能、稲刈りなどの体験をするときには、安全に気を付けて体を動かす技能などが考えられる。こうした技能は、各教科等の学習を通して、事前にある程度は習得されていることを前提として行われつつ、探究を進める中でより高度な技能が求められるようになる。このような必要感の中で、注意深く体験を積んで、徐々に自らの力でできるようになり身体化されていく。技能と技能が関連付けられて構造化され、統合的に活用されるようにもなる。

　探究的な学習のよさを理解するということは、探究的な学習はよいものだというようなことを児童が観念的に説明できるようになることを目指すものではない。総合的な学習の時間だけではなく、様々な場面で児童自らが探究的に学習を進めるようになることが、そのよさを理解した証となる。そのためには、この時間で行う探究的な学習が、学習全般や生活と深く関わっていることや学びという営みの本質であることへの気付きを大事にすることが欠かせない。

　一方で、身に付けた知識及び技能や思考力、判断力、表現力等が総合的に活用、発揮されることが、探究的な学習のよさでもある。学んだことの有用性を実感するためにも、他教科等とこの時間との資質・能力の関連を、児童自身が見通せるようにする必要がある。そのためにも、学習を進める中で、その関連を明示していくことや、学習においてどのような関連が実現されたのかを振り返ることなどが考えられる。

　(2)　実社会や実生活の中から問いを見いだし、自分で課題を立て、情報を集め、整理・分析して、まとめ・表現することができるようにする。

　育成を目指す資質・能力の三つの柱のうち、主に「思考力、判断力、表現力等」に対応するものとしては、実社会や実生活の中から問いを見いだし、自分で課題を立て、情報を集め、整理・分析して、まとめ・表現するという、探究的な学習の過程において発揮される力を示している。

具体的には、身に付けた「知識及び技能」の中から、当面する課題の解決に必要なものを選択し、状況に応じて適用したり、複数の「知識及び技能」を組み合わせたりして、適切に活用できるようになっていくことと考えることができる。なお、教科等横断的な情報活用能力や問題発見・解決能力を構成している個別の「知識及び技能」や、各種の「考えるための技法」も、単にそれらを習得している段階から更に一歩進んで、課題や状況に応じて選択したり、適用したり、組み合わせたりして活用できるようになっていくことが、「思考力、判断力、表現力等」の具体と考えることができる。こうしたことを通して、知識や技能は、既知の限られた状況においてのみならず、未知の状況においても課題に応じて自在に駆使できるものとなっていく。

　このように、「思考力、判断力、表現力等」は、「知識及び技能」とは別に存在していたり、「知識及び技能」を抜きにして育成したりできるものではない。いかなる課題や状況に対しても、「知識及び技能」が自在に駆使できるものとなるよう指導を工夫することこそが「思考力、判断力、表現力等」の育成の具体にほかならない。

　そのためにも、情報活用能力や問題発見・解決能力を構成する個別の「知識及び技能」、「考えるための技法」に出会い、親しみ、必要に応じて身に付けられるような機会を、総合的な学習の時間や他教科等の中で、意図的・計画的・組織的に設けること等の配慮や工夫が重要になってくる。あるいは、総合的な学習の時間においては、探究的な学習の過程を通すというこの時間の趣旨を生かして、課題を解決したいという児童の必要感を前提に、その解決の過程に適合する「知識及び技能」を教師が指導するという方法もあり得る。

　そのようにして身に付けた「知識及び技能」は、様々な課題の解決において活用・発揮され、うまくいったりうまくいかなかったりする経験を経ながら、学んだ当初とは異なる状況においても自在に駆使できるようになっていく。このことが、個別の「知識及び技能」の習得という段階を超えた、「思

考力、判断力、表現力等」の育成という段階である。

　このような資質・能力については、やり方を教えられて覚えるということだけでは育まれないものである。実社会や実生活の課題について探究のプロセス（①課題の設定→②情報の収集→③整理・分析→④まとめ・表現）を通して、児童が実際に考え、判断し、表現することを通して身に付けていくことが大切になる。

　実社会や実生活には、解決すべき問題が多方面に広がっている。その問題は、複合的な要素が入り組んでいて、答えが一つに定まらず、容易には解決に至らないことが多い。**自分で課題を立てる**とは、そうした問題と向き合って、自分で取り組むべき課題を見いだすことである。この課題は、解決を目指して学習するためのものである。その意味で課題は、児童が解決への意欲を高めるとともに、解決への具体的な見通しをもてるものであり、そのことが主体的な課題の解決につながっていく。

　課題は、問題をよく吟味して児童が自分でつくり出すことが大切である。例えば、日頃から解決すべきと感じていた問題を改めて見つめ直す、具体的な事象を比較したり、関連付けたりして、そこにある矛盾や理想との隔たりを認識することなどが考えられる。また、地域の人やその道の専門家との交流も有効である。そこで知らなかった事実を発見したり、その人たちの真剣な取組や生き様に共感したりして、自分にとって一層意味や価値のある課題を見いだすことも考えられる。

　課題の解決に向けては、自分で情報を集めることが欠かせない。自分で、何が解決に役立つかを見通し、足を運んだり、情報手段を意図的・計画的に用いたり、他者とのコミュニケーションを通したりして情報を集めることが重要である。調べていく中で、探究している課題が、社会で解決が求められている切実な問題と重なり合っていることを知り、さらにそれに尽力している人と出会うことにより、問題意識は一層深まる。同一の学習対象でも、個別に追究する児童の課題が多様であれば、互いの情報を結び合わせて、現実

の問題の複雑さや総合性に気付くこともある。

　収集した情報は、整理・分析する。整理は、課題の解決にとってその情報が必要かどうかを判断し取捨選択することや、解決の見通しにしたがって情報を順序よく並べたり、書き直したりすることなどを含む。分析は、整理した情報を基に、比較・分類したりして傾向を読み取ったり、因果関係を見付けたりすることを含む。複数の情報を組み合わせて、新しい関係性を創り出すことも重要である。

　整理・分析された情報からは、自分自身の意見や考えをまとめて、それを表現する。他者との相互交流や表現による振り返りを通して、課題が更新されたり、新たに調べることを見いだしたり、意見や考えが明らかになったりする。

　これらの各プロセスで発揮される資質・能力の育成が期待されている。それは、探究のプロセスが何度も繰り返される中で確実に育っていくものと考えることができる。

(3) 探究的な学習に主体的・協働的に取り組むとともに、互いのよさを生かしながら、積極的に社会に参画しようとする態度を養う。

　探究的な学習では、児童が、身近な人々や社会、自然に興味・関心をもち、それらに意欲的に関わろうとする主体的、協働的な態度が欠かせない。探究的な学習に主体的に取り組むというのは、自らが設定した課題の解決に向けて真剣に本気になって学習活動に取り組むことを意味している。それは、解決のために、見通しをもって、自ら計画を立てて学習に向かう姿でもある。具体的には、どのように情報を集め、どのように整理・分析し、どのようにまとめ・表現を行っていくのかを考え、実際に社会と関わり、行動していく姿として表れるものと考えられる。

　課題の解決においては、主体的に取り組むこと、協働的に取り組むことが重要である。なぜなら、それがよりよい課題の解決につながるからである。

　総合的な学習の時間で育成することを目指す資質・能力は、よりよく課題を解決し、自分の生き方を考えるための資質・能力である。こうした資質・能力を育むためには、自ら問いを見いだし、課題を立て、よりよい解決に向けて主体的に取り組むことが重要である。他方、複雑な現代社会においては、いかなる問題についても、一人だけの力で何かを成し遂げることは困難である。これが協働的に探究を進めることが求められる理由である。例えば、他の児童と協働的に取り組むことで、学習活動が発展したり課題への意識が高まったりする。異なる見方があることで解決への糸口もつかみやすくなる。また、他者と協働的に学習する態度を育てることが、求められているからでもある。このように、探究的な学習においては、他者と協働的に取り組み、異なる意見を生かして新たな知を創造しようとする態度が欠かせない。

　こうして探究的な学習に主体的・協働的に取り組む中で、互いの資質・能力を認め合い、相互に生かし合う関係が期待されている。また、探究的な学習の中で児童が感じる手応えは、一人一人の意欲や自信となり次の課題解決を推進していく。

　このように、総合的な学習の時間を通して、自ら社会に関わり参画しようとする意志、社会を創造する主体としての自覚が、一人一人の児童の中に徐々に育成されることが期待されているのである。実社会や実生活の課題を探究しながら、自己の生き方を問い続ける姿が一人一人の児童に涵養されることが求められているのである。

　この「学びに向かう力、人間性等」については、よりよい生活や社会の創造に向けて、自他を尊重すること、自ら取り組んだり異なる他者と力を合わせたりすること、社会に寄与し貢献することなどの適正かつ好ましい態度として「知識及び技能」や「思考力、判断力、表現力等」を活用・発揮しようとすることと考えることができる。

　これら育成を目指す資質・能力の三つの柱は、個別に育成されるものではなく、探究的な学習において、よりよい課題の解決に取り組む中で、相互に

関わり合いながら高められていくものとして捉えておく必要がある。

第3章　各学校において定める目標及び内容

　各学校は、第1に示された総合的な学習の時間の目標を踏まえて、各学校の総合的な学習の時間の目標や内容を適切に定めて、創意工夫を生かした特色ある教育活動を展開する必要がある。ここに総合的な学習の時間の大きな特質がある。こうした特質を踏まえ、今回の改訂では、各学校において定める目標や内容についての考え方について、「第3　指導計画の作成及び内容の取扱い」から「第2　各学校において定める目標及び内容」へと移すことで、より明確に示すこととした。

　本章では、各学校において定める目標及び内容を設定していく際の基本的な考え方と留意すべき点について述べる。なお、本章及び第4章で解説する、学習指導要領第5章総合的な学習の時間の各規定の相互の関係については、下図のように示すことができる。

第1節　各学校において定める目標

1　目標

　各学校においては、第1の目標を踏まえ、各学校の総合的な学習の時間の目標を定める。

　各学校においては、第1の目標を踏まえ、各学校の総合的な学習の時間の目標を定め、その実現を目指さなければならない。この目標は、各学校が総合的な学習の時間での取組を通して、どのような児童を育てたいのか、また、どのような資質・能力を育てようとするのか等を明確にしたものである。

　各学校において総合的な学習の時間の目標を定めるに当たり、**第1の目標を踏まえ**とは、本解説第2章で解説した第1の目標の趣旨を適切に盛り込むということである。

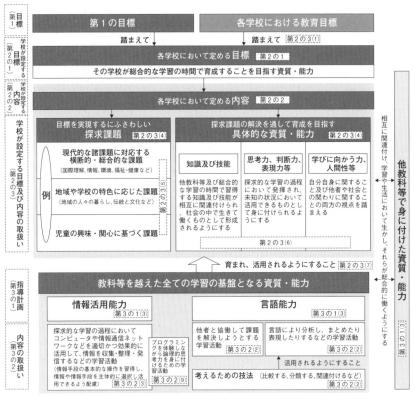

第5章　総合的な学習の時間の構造イメージ（小学校）

　具体的には、第1の目標の構成に従って、以下の二つを反映させることが、その要件となる。

(1)「探究的な見方・考え方を働かせ、横断的・総合的な学習を行うことを通して」、「よりよく課題を解決し、自己の生き方を考えていくための資質・能力を育成することを目指す」という、目標に示された二つの基本的な考え方を踏まえること。

(2) 育成を目指す資質・能力については、「育成すべき資質・能力の三つの柱」である「知識及び技能」、「思考力、判断力、表現力等」、「学びに

　向かう力、人間性等」の三つのそれぞれについて、第1の目標の趣旨を踏まえること。

　各学校において定める総合的な学習の時間の目標は、第1の目標を適切に踏まえて、この時間全体を通して各学校が育てたいと願う児童の姿や育成を目指す資質・能力、学習活動の在り方などを表現したものになることが求められる。

　その際、上記の二つの要件を適切に反映していれば、これまで各学校が取り組んできた経験を生かして、各目標の要素のいずれかを具体化したり、重点化したり、別の要素を付け加えたりして目標を設定することが考えられる。なお、各学校における目標の設定に当たって配慮すべき事項については、改めて本章第3節で述べる。また、各学校における目標の設定の手順や方法については、本解説第5章第2節で詳しく解説する。

　各学校において目標を定めることを求めているのは、①各学校が創意工夫を生かした探究的な学習や横断的・総合的な学習を実施することが期待されているからである。それには、地域や学校、児童の実態や特性を考慮した目標を、各学校が主体的に判断して定めることが不可欠である。また、②各学校における教育目標を踏まえ、育成を目指す資質・能力を明確に示すことが望まれているからである。これにより、総合的な学習の時間が各学校のカリキュラム・マネジメントの中核になることが今まで以上に明らかとなった。そして、③学校として教育課程全体の中での総合的な学習の時間の位置付けや他教科等の目標及び内容との違いに留意しつつ、この時間で取り組むにふさわしい内容を定めるためである。このように、各学校において総合的な学習の時間の目標を定めるということには、主体的かつ創造的に指導計画を作成し、学習活動を展開するという意味がある。

　なお、総合的な学習の時間が充実するために、中学校との接続を視野に入れ、連続的かつ発展的な学習活動が行えるよう目標を設定することも重要で

ある。

第2節　各学校において定める内容

2　内容

　各学校においては、第1の目標を踏まえ、各学校の総合的な学習の時間の内容を定める。

　各学校においては、第1の目標を踏まえ、各学校の総合的な学習の時間の内容を定めることが求められている。総合的な学習の時間では、各教科等のように、どの学年で何を指導するのかという内容を学習指導要領に明示していない。これは、各学校が、第1の目標の趣旨を踏まえて、地域や学校、児童の実態に応じて、創意工夫を生かした内容を定めることが期待されているからである。

　今回の改訂において、総合的な学習の時間については、内容の設定に際し、「目標を実現するにふさわしい探究課題」、「探究課題の解決を通して育成を目指す具体的な資質・能力」の二つを定める必要があるとされた。

　目標を実現するにふさわしい探究課題とは、目標の実現に向けて学校として設定した、児童が探究的な学習に取り組む課題であり、従来「学習対象」として説明されてきたものに相当する。つまり、探究課題とは、探究的に関わりを深める人・もの・ことを示したものである。具体的には、例えば「身近な自然環境とそこで起きている環境問題」、「地域の伝統や文化とその継承に力を注ぐ人々」、「実社会で働く人々の姿と自己の将来」などが考えられる。

　一方、**探究課題の解決を通して育成を目指す具体的な資質・能力**とは、各学校において定める目標に記された資質・能力を各探究課題に即して具体的に示したものであり、教師の適切な指導の下、児童が各探究課題の解決に取り組む中で、育成することを目指す資質・能力のことである。

　このように、総合的な学習の時間の内容は、目標を実現するにふさわしい探究課題と、探究課題の解決を通して育成を目指す具体的な資質・能力の二つによって構成される。両者の関係については、目標の実現に向けて、児童が「何について学ぶか」を表したものが探究課題であり、各探究課題との関わりを通して、具体的に「どのようなことができるようになるか」を明らかにしたものが具体的な資質・能力という関係になる。

　また、各学校においては、内容を指導計画に適切に位置付けることが求められる。その際、学年間の連続性、発展性や中学校との接続、他教科等の目標及び内容との違いに留意しつつ、他教科等で育成を目指す資質・能力との関連を明らかにして、内容を定めることが重要である。なお、それぞれの設定に当たって配慮すべき事項等については、改めて本章第3節で述べる。また、各学校における内容の設定の手順や方法については、本解説第5章第3節で詳しく解説する。

第3節　各学校において定める目標及び内容の取扱い

3　各学校において定める目標及び内容の取扱い

　各学校において定める目標及び内容の設定に当たっては、次の事項に配慮するものとする。

　(1) 各学校において定める目標については、各学校における教育目標を踏まえ、総合的な学習の時間を通して育成を目指す資質・能力を示すこと。

　各学校において定める目標については、各学校における教育目標を踏まえ、総合的な学習の時間を通して育成を目指す資質・能力を示す必要がある。

　各学校における教育目標を踏まえとは、各学校において定める総合的な学習の時間の目標が、この時間の円滑で効果的な実施のみならず、各学校において編成する教育課程全体の円滑で効果的な実施に資するものとなるよう配

慮するということである。

　第1章総則の第2の1において、教育課程の編成に当たって、学校教育全体や各教科等における指導を通して育成を目指す資質・能力を踏まえつつ、各学校の教育目標を明確にすることが定められた。あわせて、各学校の教育目標を設定するに当たっては、「第5章総合的な学習の時間の第2の1に基づき定められる目標との関連を図るものとする。」とされた。各学校における教育目標には、地域や学校、児童の実態や特性を踏まえ、主体的・創造的に編成した教育課程によって実現を目指す児童の姿等が描かれることになる。各学校における教育目標を踏まえ、総合的な学習の時間の目標を設定することによって、総合的な学習の時間が、各学校の教育課程の編成において、特に教科等横断的なカリキュラム・マネジメントという視点から、極めて重要な役割を担うことが今まで以上に鮮明となった。

　学校教育目標は、教育課程全体を通して実現していくものである。その意味で、総合的な学習の時間も他教科等と同様、それぞれの特質に応じた役割を果たすことで、学校教育目標の実現に貢献していくことに変わりはない。

　その一方で、各学校において定める総合的な学習の時間の目標には、第1の目標を踏まえつつ、各学校が育てたいと願う児童の姿や育成すべき資質・能力などを、各学校の創意工夫に基づき明確に示すことが期待されている。つまり、総合的な学習の時間の目標は、学校の教育目標と直接的につながるという、他教科等にはない独自の特質を有するということを意味している。このため、各学校の教育目標を教育課程で具現化していくに当たって、総合的な学習の時間の目標が学校の教育目標を具体化し、そして総合的な学習の時間と各教科等の学習を関連付けることにより、総合的な学習の時間を軸としながら、教育課程全体において、各学校の教育目標のよりよい実現を目指していくことになる。

　また、総合的な学習の時間は、教科等を越えた全ての学習の基盤となる資質・能力を育むとともに、各教科等で身に付けた資質・能力を相互に関連付

け、学習や生活に生かし、それらが総合的に働くようにするものである。このような形で各教科等の学習と総合的な学習の時間の学習が往還することからも、総合的な学習の時間は教科等横断的な教育課程の編成において重要な役割を果たす。

　こうしたことを踏まえ、各学校において定める目標を設定するに当たっては、第1の目標の趣旨を踏まえつつ、例えば、各学校が育てたいと願う児童の姿や育成すべき資質・能力のうち、他教科等では十分な育成が難しいものについて示したり、あるいは、学校において特に大切にしたい資質・能力について、より深めるために、総合的な学習の時間の目標に明記し、その実現を目指して取り組んでいったりすることなどが考えられる。

　総合的な学習の時間を通して育成を目指す資質・能力を示すとは、各学校における教育目標を踏まえて、各学校において定める目標の中に、この時間を通して育成を目指す資質・能力を「三つの柱」に即して具体的に示すということである。

　その際、既に学校教育目標の中に実現を目指す望ましい児童の姿が具体的に描かれている場合には、そこから無理なく育成を目指す資質・能力を導き出すことができると思われる。一方、実現を目指す児童の姿が抽象的、一般的、概括的に描かれている場合には、育成を目指す資質・能力を導き出すことが困難となる可能性がある。そのようなときは、校長のリーダーシップの下、実現を目指す児童の姿について改めて校内で議論し、育成を目指す資質・能力をイメージできる程度に具体化したり鮮明化したりすることが考えられる。この作業は、単に総合的な学習の時間の目標設定のみならず、学校の全ての教育活動の質の向上に資するものである。総合的な学習の時間の目標設定を契機に、校内で一体となって取り組み、共通理解を図ることが期待される。

　このように、学校教育目標の中に実現を目指す望ましい児童の姿が具体的に描かれることは、そこにその学校ならではの強調点、独自性などが明確に

示されることを意味する。したがって、それらを意識し、適切に反映させて育成を目指す資質・能力を記述していけば、自ずと、第1の目標との対比において、いずれかの要素の具体化や重点化、あるいは別の要素の付加が生じてくるであろう。

　各学校においては、前回の改訂において定めてきた「学校の目標」や「育てようとする資質や能力及び態度」を参考にし、実践から得られた知恵や経験を発展的に継承することが大切である。その際、第1の目標における(1)(2)(3)の記述からも分かるように、従来「学習方法に関すること」として示してきたことが、今回の改訂では、主として(2)「思考力、判断力、表現力等」に関わるものである。また従来「自分自身に関すること、他者や社会との関わりに関すること」という二つで示してきたことが、今回の改訂では、主として(3)「学びに向かう力、人間性等」に関わるものである。これまでの実践を参考に、適切な資質・能力を検討することが求められる。

　(2)　各学校において定める目標及び内容については、他教科等の目標及び内容との違いに留意しつつ、他教科等で育成を目指す資質・能力との関連を重視すること。

　各教科等は、それぞれ固有の目標と内容をもっている。それぞれが役割を十分に果たし、その目標をよりよく実現することで、教育課程は全体として適切に機能することになる。各学校においては、他教科等の目標及び内容との違いに十分留意し、目標及び内容を定めることが求められる。その上で、各学校において定める目標及び内容については、他教科等で育成を目指す資質・能力との関連を重視することが大切である。

　総合的な学習の時間と**他教科等で育成を目指す資質・能力との関連を重視する**とは、各教科等の目標に示されている、育成を目指す資質・能力の三つの柱ごとに関連を考えることである。すなわち、「知識及び技能」、「思考力、判断力、表現力等」、「学びに向かう力、人間性等」のそれぞれにおいて資

質・能力の関連を考えることであり、その際、各学校で定める目標及び内容が、他教科等における目標及び内容とどのような関係にあるかを意識しておくことがポイントとなる。

　総合的な学習の時間は、教科等を越えた全ての学習の基盤となる資質・能力を育むとともに、各教科等で身に付けた資質・能力を相互に関連付け、学習や生活に生かし、それらが総合的に働くようにするものである。このような形で各教科等の学習と総合的な学習の時間の学習が往還することを意識し、例えば、各教科共通で特に重視したい態度などを総合的な学習の時間の目標において示したり、各教科等で育成する「知識及び技能」や「思考力、判断力、表現力等」が総合的に働くような内容を総合的な学習の時間において設定したりすることなどが考えられる。

　総合的な学習の時間で育成を目指す資質・能力と、他教科等で育成を目指す資質・能力との共通点や相違点を明らかにして目標及び内容を定めることは、冒頭に示した教育課程全体において各教科等がそれぞれに役割を十分に果たし、教育課程が全体として適切に機能することに大きく寄与する。そのためにも、総合的な学習の時間の目標及び内容を設定する際には、他教科等の資質・能力との関連を重視することが大切なのである。

　このことは、中央教育審議会答申において示されたカリキュラム・マネジメントの三つの側面で考えるならば、特に「各教科等の教育内容を相互の関係で捉え、学校の教育目標を踏まえた教科等横断的な視点で、その目標の達成に必要な教育の内容を組織的に配列していくこと」という側面に深く関係するものと考えることができる。

　(3) 各学校において定める目標及び内容については、日常生活や社会との
　　　関わりを重視すること。

　各学校において目標や内容を定めるとは、どのような児童を育てたいのか、そのためにどのような資質・能力を育成するのか、さらに、それをどのよう

な探究課題の解決を通して、具体的な資質・能力として育成を実現していこうとするのかなどを明らかにすることである。ここでは、各学校において目標や内容を定めるに当たっては、日常生活や社会との関わりを重視することが大切であることを示している。

日常生活や社会との関わりを重視するということには、以下の三つの意味がある。

一つ目は、総合的な学習の時間では、実社会や実生活において生きて働く資質・能力の育成が期待されていることである。実際の生活にある課題を取り上げることで、児童は日常生活や社会において、課題を解決しようと真剣に取り組み、自らの能力を存分に発揮する。その中で育成された資質・能力は、実社会や実生活で生きて働くものとして育成される。

二つ目は、総合的な学習の時間では、児童が主体的に取り組む学習が求められていることである。日常生活や社会に関わる課題は、自分とのつながりが明らかであり児童の関心も高まりやすい。また、直接体験なども行いやすく、身体全体を使って、本気になって取り組む児童の姿が生み出される。

三つ目は、総合的な学習の時間では、児童にとっての学ぶ意義や目的を明確にすることが重視されていることである。自ら設定した課題を解決する過程では、地域の様々な人との関わりが生じることも考えられる。そうした学習活動では、「自分の力で解決することができた」、「自分が学習したことが地域の役に立った」などの、課題の解決に取り組んだことへの自信や自尊感情が育まれ、日常生活や社会への参画意識も醸成される。

このように、各学校においては、これらのことに配慮しつつ、目標及び内容を定めることが求められる。実際の生活の中にある問題や地域の事象を取り上げ、それらを実際に解決していく過程が大切であり、そのことが総合的な学習の時間の充実につながる。

こうして行われる探究的な学習では、児童が自ら設定した課題などを、自分と切り離して見たり扱ったりするのではなく、自分や自分の生活との関わ

りの中で捉え、考えることになる。また、人や社会、自然を、別々の存在として認識するのではなく、それぞれがつながり合い関係し合うものとして捉え、認識しようとすることにもつながる。総合的な学習の時間では、それぞれの児童が具体的で関係的な認識を、自ら構築していくことを期待している。このように、日常生活や社会との関わりを重視した探究的な学習を行うことに、総合的な学習の時間のもつ重要性がある。

(4) 各学校において定める内容については、目標を実現するにふさわしい探究課題、探究課題の解決を通して育成を目指す具体的な資質・能力を示すこと。

各学校において定める内容について、今回の改訂では新たに、「目標を実現するにふさわしい探究課題」、「探究課題の解決を通して育成を目指す具体的な資質・能力」の二つを定めることが示された。

目標を実現するにふさわしい探究課題とは、目標の実現に向けて学校として設定した、児童が探究的な学習に取り組む課題であり、従来「学習対象」として説明されてきたものに相当する。つまり、探究課題とは、探究的に関わりを深める人・もの・ことを示したものであり、例えば「身近な自然環境とそこで起きている環境問題」、「地域の伝統や文化とその継承に力を注ぐ人々」、「実社会で働く人々の姿と自己の将来」などである。

ここでいう探究課題とは、指導計画の作成段階において各学校が内容として定めるものであって、学習活動の中で児童が自ら設定する課題のことではない。学校なり教師が、探究を通して児童にどのような資質・能力を育成したいと考えるかを、学習対象の水準で表現したものである。つまり、単元なり1単位時間の授業において、どのような教材なり問題場面と児童を出会わせ、児童がどのような課題をもって探究的な学習活動を展開していくかを構想する基盤となるものが内容としての探究課題である。

一方、**探究課題の解決を通して育成を目指す具体的な資質・能力**とは、各

学校において定める目標に記された資質・能力を、各探究課題に即して具体的に示したものであり、教師の適切な指導の下、児童が各探究課題の解決に取り組む中で、育成することを目指す資質・能力のことである。

　この具体的な資質・能力も、「知識及び技能」、「思考力、判断力、表現力等」、「学びに向かう力、人間性等」という資質・能力の三つの柱に即して設定していくことになる。

　このように、総合的な学習の時間の内容は、探究課題と具体的な資質・能力の二つによって構成される。そして、両者の関係については、目標の実現に向けて、児童が「何を学ぶか（どのような対象と関わり探究的な学習を行うか）」を表したものが「探究課題」であり、各探究課題との関わりを通して、具体的に「何ができるようになるか（探究的な学習を通して、どのような児童の姿を実現するか）」を明らかにしたものが「具体的な資質・能力」という関係になる。

　第1の目標は、各学校においてどのような内容を設定する場合であっても共通して育成することを目指す資質・能力、望ましい児童の成長の姿を記述している。一方、探究課題と共に内容を構成する、具体的な資質・能力とは、特定の領域や対象に関わる探究課題の解決を通して、どのような資質・能力の育成を目指すかを具体的に記述するものである。

　当然のことながら、各探究課題にはその課題ならではの特質があるため、学校の目標に示された資質・能力のうち、特定の要素や側面が特に効果的に育成できる可能性が高いといったことが起こりうる。具体的な資質・能力の設定に当たっては、そのような探究課題ごとの特質を踏まえ、各探究課題の解決を通して、設定した具体的な資質・能力が最も効果的に育成されるよう工夫することが求められる。

　なお、全体を見通した際に、目標で示した資質・能力のうち、特定の要素や側面の育成に弱さや偏りが認められた場合には、探究課題それ自体の設定から見直すことも含めて、内容の全体を見直していく必要がある。このよう

に、探究課題と具体的な資質・能力は相互に深く関連している。したがって、内容の設定に際しては、両者の間を行きつ戻りつしながら柔軟に進める必要が生じることもある。

　内容の設定において大切なのは、児童が全ての内容に関わる学びを経験し終わった時に、各学校において定める目標、その中に示した資質・能力が確かに実現されるよう、適切かつ効果的、効率的に内容を設定することである。

(5) 目標を実現するにふさわしい探究課題については、学校の実態に応じて、例えば、国際理解、情報、環境、福祉・健康などの現代的な諸課題に対応する横断的・総合的な課題、地域の人々の暮らし、伝統と文化など地域や学校の特色に応じた課題、児童の興味・関心に基づく課題などを踏まえて設定すること。

　目標を実現するにふさわしい探究課題とは、目標の実現に向けて学校として設定した、児童が探究的な学習に取り組む課題であり、従来「学習対象」として説明されてきたものに相当する。

　目標を実現するにふさわしい探究課題については、学校の実態に応じて、例えば、国際理解、情報、環境、福祉・健康などの現代的な諸課題に対応する横断的・総合的な課題、地域の人々の暮らし、伝統と文化など地域や学校の特色に応じた課題、児童の興味・関心に基づく課題など、横断的・総合的な学習としての性格をもち、探究的な見方・考え方を働かせて学習することがふさわしく、それらの解決を通して育成される資質・能力が、よりよく課題を解決し、自己の生き方を考えていくことに結び付いていくような、教育的に価値のある諸課題であることが求められる。

　しかし、本項において挙げられているそれぞれの課題は、あくまでも例示であり、各学校が探究課題を設定する際の参考として示したものである。これらの例示を参考にしながら、地域や学校、児童の実態に応じて、探究課題を設定することが求められる。

例示されたこれらの課題は、第3学年から第6学年までの児童の発達の段階において、第1の目標の構成から導かれる以下の三つの要件を、適切に実施するものとして考えられた。

(1) 探究的な見方・考え方を働かせて学習することがふさわしい課題であること

(2) その課題をめぐって展開される学習が、横断的・総合的な学習としての性格をもつこと

(3) その課題を学ぶことにより、よりよく課題を解決し、自己の生き方を考えていくことに結び付いていくような資質・能力の育成が見込めること

　以下に、例示した課題の特質について示す。

　国際理解、情報、環境、福祉・健康などの現代的な諸課題に対応する横断的・総合的な課題とは、社会の変化に伴って切実に意識されるようになってきた現代社会の諸課題のことである。そのいずれもが、持続可能な社会の実現に関わる課題であり、現代社会に生きる全ての人が、これらの課題を自分のこととして考え、よりよい解決に向けて行動することが望まれている。また、これらの課題については正解や答えが一つに定まっているものではなく、従来の各教科等の枠組みでは必ずしも適切に扱うことができない。したがって、こうした課題を総合的な学習の時間の探究課題として取り上げ、その解決を通して具体的な資質・能力を育成していくことには大きな意義がある。

　地域の人々の暮らし、伝統と文化など地域や学校の特色に応じた課題とは、町づくり、伝統文化、地域経済、防災など、各地域や各学校に固有な諸課題のことである。全ての地域社会には、その地域ならではのよさがあり特色がある。古くからの伝統や習慣が現在まで残されている地域、地域の気候や風土を生かした特産物や工芸品を製造している地域など、様々に存在している。これらの特色に応じた課題は、よりよい郷土の創造に関わって生じる地域な

らではの課題であり、児童が地域における自己の生き方との関わりで考え、よりよい解決に向けて地域社会で行動していくことが望まれている。また、これらの課題についても正解や答えが一つに定まっているものではなく、従来の各教科等の枠組みでは必ずしも適切に扱うことができない。したがって、こうした課題を総合的な学習の時間の探究課題として取り上げ、その解決を通して具体的な資質・能力を育成していくことには大きな意義がある。

児童の興味・関心に基づく課題とは、児童がそれぞれの発達段階に応じて興味・関心を抱きやすい課題のことである。例えば、将来への夢や憧れをもち挑戦しようとすること、ものづくりなどを行い楽しく豊かな生活を送ろうとすること、生命の神秘や不思議さを明らかにしたいと思うことなどが考えられる。これらの課題は、一人一人の生活と深く関わっており、児童が自己の生き方との関わりで考え、よりよい解決に向けて行動することが望まれている。

総合的な学習の時間は、児童が、自ら学び、自ら考える時間であり、児童の主体的な学習態度を育成する時間である。また、自己の生き方を考えることができるようにすることを目指した時間である。その意味からも、総合的な学習の時間において、児童の興味・関心に基づく探究課題を取り上げ、その解決を通して具体的な資質・能力を育成していくことには大きな意義がある。

児童の興味・関心に基づく課題については、横断的・総合的な学習として、探究的な見方・考え方を働かせ、学習の質的高まりが期待できるかどうかを、教師が十分に判断する必要がある。たとえ児童が興味・関心を抱いた課題であっても、総合的な学習の時間の目標にふさわしくない場合や十分な学習の成果が得られない場合には、適切に指導を行うことが求められる。

なお、このことについては、第1章総則の第2の2「教科等横断的な視点に立った資質・能力の育成」の(2)と深く関わっている。

(6) 探究課題の解決を通して育成を目指す具体的な資質・能力については、次の事項に配慮すること。

　ア　知識及び技能については、他教科等及び総合的な学習の時間で習得する知識及び技能が相互に関連付けられ、社会の中で生きて働くものとして形成されるようにすること。

　イ　思考力、判断力、表現力等については、課題の設定、情報の収集、整理・分析、まとめ・表現などの探究的な学習の過程において発揮され、未知の状況において活用できるものとして身に付けられるようにすること。

　ウ　学びに向かう力、人間性等については、自分自身に関すること及び他者や社会との関わりに関することの両方の視点を踏まえること。

　探究課題の解決を通して育成を目指す具体的な資質・能力とは、各学校において定める目標に記された資質・能力を、各探究課題に即して具体的に示したものであり、教師の適切な指導の下、児童が各探究課題の解決に取り組む中で、育成することを目指す資質・能力のことである。

　具体的な資質・能力については、他教科等と同様に、「育成すべき資質・能力の三つの柱」である「知識及び技能」、「思考力、判断力、表現力等」、「学びに向かう力、人間性等」に沿って設定していくが、その際、それぞれ以下の点に配慮する必要がある。

　「知識及び技能」については、他教科等及び総合的な学習の時間で習得する「知識及び技能」が相互に関連付けられ、社会の中で生きて働くものとして形成されるようにすることが大切である。今回の改訂では、資質・能力として各教科等で身に付ける「知識及び技能」については、具体的な事実に関する知識、個別的な手順の実行に関する技能に加えて、複数の事実に関する知識や手順に関する技能が相互に関連付けられ、統合されることによって概念として形成されるようにすることを重視している。こうした概念が理解さ

れることにより、知識や技能は、それが習得された特定の文脈に限らず、日常の様々な場面で活用可能なものとなっていく。

　総合的な学習の時間においても、個々の探究課題を解決しようとする中で、児童は様々な知識や技能を結果的に習得していくが、それらが統合されて概念的理解にまで達することを目指すことが求められる。そのために、まずは内容の設定の段階において、どのような概念の形成を期待するのかということを明示する必要がある。

　「思考力、判断力、表現力等」についても、「知識及び技能」を未知の状況において活用できるものとして身に付けるようにすることが大切である。そのためにも、様々に異なる状況や複雑で答えが一つに定まらない問題に対して、「知識及び技能」を繰り返し活用・発揮することが大切になる。その過程で、問題状況の特質や情報の性質、表現する相手やその目的等によって、どの「知識及び技能」が適切であり有効であるかなどに気付いていく。そのような経験の積み重ねの中で、次第に未知の状況においても活用できるものとして、思考力、判断力、表現力等は確かに育成されていく。

　したがって、まずは内容の設定の段階において、探究課題の特質から想定される問題状況、収集が可能な情報の性質、整理・分析において有効な観点、まとめ・表現において想定される相手や目的などを十分に検討すべきである。また、その探究課題の解決において、どのような思考力、判断力、表現力等が求められるのか、効果的であるかを十分に予測し、その解決を通して育成を目指す具体的な資質・能力として設定することが求められる。

　例えば、ビオトープづくりに取り組んでいる中で、水生生物グループが、水生昆虫をトンボや鳥から守るために池にネットをかけることを提案する。この提案に対し、ビオトープにトンボを呼びたいグループは反対する。この話合いの中で、それぞれのグループは一面的な視点でしか対象を捉えていなかったことを自覚していく。ここで教師が、環境という事象にはどういう意味があるのか、同様の関係は他の生き物の間にもないか、それら全てを通し

て一貫した特徴は何か、といったことへと学びをもう一段進められるよう指導する。その結果、児童はそこにいる生物同士の関係などについての理解を深めながら、「多様性（それぞれには特徴があり、多種多様に存在していること）」、「相互性（互いに関わりながらよさを生かしていること）」、「有限性（物事には終わりがあり、限りがある）」など、環境問題の本質に関する概念的理解へと到達することができる。また、こうして概念的に理解された（概念として獲得された）知識は、ビオトープづくりという具体的な文脈だけでなく、さらに別の環境問題や、環境問題以外でも、今後出会う多様な事物・現象について考えるに当たって、存分に活用・発揮できることも期待できる。

　あるいは、福祉に関わる学習を進める中で、高齢者や障害者にとってよりよい介助や支援の仕方は、障害の種類や程度、その人の身体の状態やその日の体調などによっても大きく変化することを経験する。しかし、更に様々な人に対する介助や支援を経験する中で、そこに一人一人の状況に応じた配慮が求められるということ（個別性）に気付くとともに、状況は異なっても常に留意しなければならないこととして、相手の立場に立ち、相手の気持ちに寄り添うことが大切であるという本質的な理解に結び付く。この段階まで学びを深めることができたならば、次には、既に習得している様々な介助や支援に関する「知識及び技能」を、新たに出会う未知の具体的な場面に応じて創意工夫しながら自在に発揮できるようになる可能性は一気に高まってくる。

　「学びに向かう力、人間性等」については、「自分自身に関すること及び他者や社会との関わりに関することの両方の視点を含む」ようにすることが求められる。先にも述べた通り、このことは、従来「育てようとする資質や能力及び態度」として示してきた三つの視点のうち、「自分自身に関すること」及び「他者や社会とのかかわりに関すること」の二つの視点の両方に関わるものである。

　第1の目標において、「学びに向かう力、人間性等」に関しては、「探究的な学習に主体的・協働的に取り組むとともに、互いのよさを生かしながら、

積極的に社会に参画しようとする態度を養う」ことが示されている。「他者
や社会との関わり」として、課題の解決に向けた他者との協働を通して、積
極的に社会に参画しようとする態度などを養うとともに、「自分自身に関す
ること」として、探究的な学習に主体的・協働的に取り組むことを通して、
学ぶことの意義を自覚したり、自分のよさや可能性に気付いたり、学んだこ
とを自信につなげたり、現在及び将来の自分の生き方につなげたりする内省
的な考え方（Reflection）といった両方の視点を踏まえて、内容を設定するこ
とが考えられる。

　探究課題の解決を通して育成を目指す具体的な資質・能力の考え方につい
ては、本解説第5章第3節の3において更に詳しく解説する。

(7) 目標を実現するにふさわしい探究課題及び探究課題の解決を通して育
　　成を目指す具体的な資質・能力については、教科等を越えた全ての学習
　　の基盤となる資質・能力が育まれ、活用されるものとなるよう配慮する
　　こと。

　**目標を実現するにふさわしい探究課題及び探究課題の解決を通して育成を
目指す具体的な資質・能力**については、教科等を越えた全ての学習の基盤と
なる資質・能力が育まれ、活用されるものとなるよう配慮することが大切で
ある。

　第1章総則の第2の2の(1)においても、「学習の基盤となる資質・能力」
として、言語能力、情報活用能力（情報モラルを含む。）、問題発見・解決能力
等を挙げており、総合的な学習の時間においても、**教科等を越えた全ての学
習の基盤となる資質・能力**としては、それぞれの学習活動との関連において、
言語活動を通じて育成される言語能力（読解力や語彙力等を含む。）、言語活動
やICTを活用した学習活動等を通じて育成される情報活用能力、問題解決
的な学習を通じて育成される問題発見・解決能力などが考えられる。

　これらは、他教科等でも、その教科等の特質に応じて展開される学習活動

との関連において育成が目指されることになる。総合的な学習の時間においては、児童自らが課題を設定して取り組む、実社会・実生活の中にある複雑な問題状況の解決に取り組む、答えが一つに定まらない問題を扱う、多様な他者と協働したり対話したりしながら活動を展開するなど、この時間ならではの学習活動の特質を存分に生かす方向で、教科等を越えた全ての学習の基盤となる資質・能力の育成に貢献することが期待されている。

　総合的な学習の時間では、従来から、各学校において「育てようとする資質や能力及び態度」の例として「学習方法に関すること」を挙げ、例えば、情報を収集し分析する力、分かりやすくまとめ表現する力などを育成するといった視点を示してきたところであり、今回の改訂により、改めてその趣旨が明確にされたと言える。

　なお、このことについては、本解説第4章第1節の1の(3)においても改めて説明する。

索　　引

著者紹介

打越　正貴（うちこし・まさき）

1960年茨城県生まれ。
茨城大学大学院教育学研究科（学校教育専攻）修了。修士（教育学）。
民間企業、公立小学校・中学校の教諭及び小学校教頭、教育委員会
指導主事、公立中学校校長を経て、茨城大学教育学部准教授。
現在、茨城大学大学院教育学研究科（教育実践高度化専攻）教授。
〈主な著書〉
『教育の最新事情と研究の最前線』（共著、福村出版、2018）
『学校現場の理解が深まる教育実習』（共著、あいり出版、2019）

主体的な学びを育む思考指導の理論と実践

2021年4月5日初版第1刷発行

著　者　　打越正貴

発行者　　大貫祥子

発行所　　株式会社 青簡舎
　　　　　〒101-0051　東京都千代田区神田神保町2-14
　　　　　電話　03-5213-4881
　　　　　http://www.seikansha.co.jp

印刷・製本　株式会社 太平印刷社